LIBERDADE DE EXPRESSÃO

A FRONTEIRA ENTRE **OPINIÃO** E **DISCURSO DE ÓDIO**

CAROLINE DIAZ
A FRONTEIRA ENTRE OPINIÃO E DISCURSO DE ÓDIO

Reflexão Business

Liberdade de Expressão

A fronteira entre **opinião** e **discurso de ódio**

Caroline Diaz

Editora Executiva: **Caroline Diaz**
Capa: **César Oliveira**
Revisão: **Larissa Franco**
Diagramação e projeto gráfico: **César Oliveira**
Impressão: **Print Park**

1ª Edição – Outubro/2025

Diaz, Caroline

Liberdade de expressão : a fronteira entre opinião e discurso de ódio / Caroline Diaz. -- 1. ed. -- Sao Paulo : Editora Reflexão, 2025. 144 páginas. 23cm.

Bibliografia.
ISBN 978-65-5619-215-4

1. Democracia 2. Discurso de ódio 3. Ética (Moral filosófica) 4. Liberdade de expressão 5. Opinião (Filosofia) 6. Relações sociais I. Título.

25-310988.0 CDD-170

Reflexão EDITORA

DISRUPTalks
Rua Almirante Brasil, 685 - Cj. 102 – Mooca – 03162-010 – São Paulo, SP
Fone: (11) 97651-4243
www.editorareflexao.com.br
atendimento@editorareflexao.com.br

SUMÁRIO

LIBERDADE DE EXPRESSÃO

A FRONTEIRA ENTRE **OPINIÃO** E **DISCURSO DE ÓDIO**

PREFÁCIO

ESCREVER ESTE LIVRO FOI, ANTES DE TUDO, UM ATO DE CORAGEM. NOS últimos anos, uma preocupação crescente tem chegado até mim: clientes que desejam expressar suas opiniões, mas são paralisados pelo medo. O medo de terem uma fala recortada, descontextualizada e jogada nas redes sociais, culminando no tão temido "cancelamento".

É preciso coragem para tocar em feridas abertas, em temas que dividem a sociedade e provocam desconforto. No entanto, o receio de represálias está silenciando vozes e empobrecendo o debate público. Dar uma opinião tornou-se um ato de bravura, mas deveria ser, acima de tudo, um ato de **responsabilidade**. Não podemos nos dar ao luxo de observar o mundo em silêncio quando questões fundamentais, estão em jogo.

Ao longo da minha trajetória, testemunhei o poder ambíguo das palavras. Vi pessoas serem silenciadas e humilhadas por ousarem se expressar. Acompanhei projetos editoriais serem engavetados e contratos, desfeitos; tudo por pavor da fúria digital. Mas também vi o outro extremo: indivíduos que se escondem atrás do escudo da "liberdade de expressão" para disseminar ódio, preconceito e violência, ignorando o impacto devastador de suas palavras na vida alheia.

Este livro nasceu da minha inquietação, de uma pergunta que não parava de ecoar: **onde termina a minha liberdade e começa a responsabilidade pelo que eu digo?**

Mais do que oferecer respostas prontas, meu objetivo é criar um espaço para reflexão honesta. Um lugar onde possamos analisar como o fenômeno do cancelamento está moldando nossa comunicação, nossa convivência e, em última análise, a sociedade que estamos construindo.

Entendo que este não é um livro de leitura fácil. Ele incomoda, provoca e certamente irá contrariar convicções estabelecidas. Mas acredito profundamente que é no desconforto que as verdadeiras mudanças acontecem. Se você chegou até aqui disposto a questionar, aprender e, quem sabe, rever algumas de suas próprias ideias, já demos um passo fundamental.

Cada página foi escrita com o desejo de contribuir para um diálogo mais justo e consciente. Um diálogo onde o direito de se expressar venha sempre acompanhado do dever de respeitar, um princípio que se estende à imprensa, cuja responsabilidade é praticar um jornalismo sério, e não sensacionalista.

Afinal, o que está em debate não é apenas a liberdade de expressão, mas a nossa própria **humanidade**.

Que este livro provoque em você o que provocou em mim: consciência, empatia e a vontade de fazer a diferença.

Outono, 2025.

CAROLINE DIAZ

INTRODUÇÃO:

A importância da liberdade de expressão – os desafios da comunicação na era digital

NÃO PODEMOS INICIAR ESSA OBRA SEM MENCIONAR QUE A LIBERDADE de expressão é um dos pilares essenciais das sociedades democráticas modernas. Ela assegura o direito fundamental de cada cidadão manifestar suas ideias, opiniões e crenças, permitindo a participação ativa no debate público e a construção coletiva do conhecimento social.

Desde as revoluções liberais até as constituições contemporâneas, este direito tem sido exaltado como símbolo da autonomia individual e da dignidade humana. No entanto, a complexidade do mundo atual, especialmente diante da revolução digital, impõe desafios inéditos para a compreensão e o exercício deste direito.

Vivemos em uma era em que a palavra, através das redes sociais e das tecnologias digitais, alcança uma escala e uma velocidade nunca antes experimentadas. Plataforma após plataforma, milhões de usuários compartilham suas vozes, ampliando a diversidade cultural e o pluralismo democrático.

Essa democratização da comunicação é um avanço notável, pois possibilita o acesso à informação e a participação social de grupos historicamente marginalizados. Porém, o mesmo ambiente propicia a disseminação acelerada de discursos que, por vezes, ultrapassam o limite da convivência civilizada.

O risco que atravessa essa nova configuração é que a liberdade de expressão venha a ser usada para legitimar discursos de ódio, *fake news* e polarizações extremas, que ferem a dignidade individual e coletiva. As redes sociais, embora sejam arenas de diálogo, têm se transformado em espaços de confrontos acirrados, onde o fluxo de opiniões cede lugar a linchamentos virtuais. Diante dessa realidade, o equilíbrio entre o direito de se expressar e o dever de respeitar torna-se a questão central de nossa convivência cotidiana.

Por isso, este livro propõe-se a acompanhar a trajetória histórica, filosófica e jurídica da liberdade de expressão, analisando suas origens, seus fundamentos e os limites que a acompanham na contemporaneidade. Por meio de uma abordagem interdisciplinar, discutimos o que distingue a opinião pessoal do discurso de ódio e quais são as implicações sociais, jurídicas e morais de cada um. Procuramos oferecer uma reflexão crítica voltada ao entendimento desse direito em sua complexidade, especialmente no ambiente digital.

A obra está dividida em três partes principais, que percorrem desde os fundamentos teóricos da liberdade de expressão até os desafios surgidos com a cultura do cancelamento e o impacto das redes sociais. Na primeira parte, analisamos a polarização política e social que marca o momento atual, os conceitos e os limites legais da liberdade de expressão, bem como as definições sociológicas e jurídicas do discurso de ódio.

Na segunda parte, o foco é a distinção entre a legítima expressão de opiniões e os discursos que veiculam ofensas, discriminações e violações da dignidade humana. Discutimos o papel do indivíduo, dos meios de comunicação e das instituições na manutenção do equilíbrio entre a liberdade e a responsabilidade social. Abordamos também os impactos da internet e das redes sociais no fortalecimento de bolhas ideológicas, na amplificação de discursos e no fenômeno do cancelamento.

Na terceira parte, refletimos sobre a cultura do cancelamento, os desafios impostos pelos algoritmos, a disseminação de *fake news* e o consequente aumento da polarização social. Discutimos propostas para a educação para o diálogo, a convivência e a responsabilidade cidadã, apontando caminhos para um futuro em que a liberdade de expressão possa coexistir com a dignidade e o respeito mútuo.

A obra não se propõe a dar respostas definitivas, mas a provocar um diálogo aberto e franco sobre temas que, embora difíceis, são urgentes para o nosso convívio social. O leitor é convidado a refletir sobre seus próprios posicionamentos, a questionar suas certezas e a reconhecer a responsabilidade que todos temos diante das palavras que proferimos e compartilhamos.

Ao abordar situações concretas, casos emblemáticos e a legislação vigente, o livro visa oferecer uma base sólida para que o leitor compreenda os múltiplos aspectos da liberdade de expressão, bem como de seus limites, provocando-nos para o enfrentamento dos dilemas éticos e políticos do tempo presente.

A democratização da fala traz consigo um paradoxo: o poder inédito do discurso está acompanhado da facilidade com que ele pode causar danos irreparáveis às pessoas e grupos. Este livro trata esse paradoxo, defendendo que a liberdade sem responsabilidade não é verdadeira liberdade, mas uma ameaça à convivência democrática.

O fenômeno da polarização extrema, que fragmenta a sociedade em trincheiras ideológicas, é um dos principais obstáculos à convivência pacífica e construtiva. Deste modo, analisar as causas dessa polarização e propor alternativas que resgatem o diálogo e o respeito são tarefas centrais desta obra. Mas, acima de tudo, queremos fomentar a reflexão com você, leitor. Não temos as respostas prontas, mas também queremos ser propositivos.

Além disso, a expansão do espaço público digital, que facilitou a expressão de milhões, pôs em evidência o papel dos algoritmos e das plataformas na formação de bolhas informativas e na promoção da radicalização. Essa análise tecnológica é fundamental para compreender os desafios atuais da comunicação.

O artigo também destaca a importância da educação midiática como ferramenta para capacitar cidadãos a navegar criticamente pelo vasto oceano digital, promovendo uma cultura de diálogo, respeito e combate à desinformação.

Em vários capítulos, enfatizamos o papel do direito, das políticas públicas e das decisões judiciais na regulação da liberdade de expressão, buscando garantir que a proteção desse direito não sirva para acobertar ódios e violências simbólicas (às vezes, nem tão simbólicas assim!).

A discussão ética permanece central em todo o texto, principalmente no que diz respeito ao equilíbrio entre o direito de falar e o direito de não ser ofendido. A obra chama a atenção para a necessária construção de uma cultura da responsabilidade que combine liberdade e respeito.

Aproveitamos para mencionar uma especificidade editorial. Conforme já assinalado, a liberdade de expressão, embora essencial para o debate e o progresso social, enfrenta barreiras quando confrontada com o direito de personalidade. Este direito protege atributos essenciais da pessoa, como a honra, a imagem, a intimidade e a privacidade, e é inviolável mesmo no contexto da expressão pública.

Isso tem implicações diretas para autores e editoras, pois publicações literárias ou acadêmicas que mencionem pessoas, ainda que sem nomeá-las explicitamente, mas que deixem claro a identidade, podem gerar ações judiciais baseadas em violação desse direito. Essa responsabilidade impõe aos editores uma análise cuidadosa sobre o conteúdo a ser publicado, ponderando entre o interesse público, a liberdade de expressão e a proteção dos direitos individuais.

Na prática editorial, essa interface entre liberdade de expressão e direito de personalidade traduz-se em políticas rigorosas para a aprovação de manuscritos. Para termos dimensão de nosso compromisso e seriedade com essa questão, a editora assume o compromisso de não fechar contratos com autores que não demonstrem flexibilidade para modificar ou retirar trechos que possam envolver direitos de personalidade em conflito.

Essa postura visa prevenir litígios futuros e garantir a integridade jurídica da obra editada, protegendo tanto os direitos dos indivíduos mencionados quanto a estabilidade da editora. Consideramos que essa política é fundamental para assegurar que o processo de publicação respeite os limites legais e éticos, evitando exposições indevidas que possam resultar em danos morais ou financeiros.

Isso implica que autores e equipes editoriais estejam atentos não apenas às questões de conteúdo e estilo, mas também às possíveis repercussões jurídicas decorrentes da exposição de pessoas reais em suas obras. A compreensão desses limites fortalece a cultura da responsabilidade e do respeito dentro do universo editorial, ajudando a equilibrar o exercício da liberdade de expressão com a proteção dos direitos humanos fundamentais.

Finalmente, nosso compromisso é ampliar o debate para além das posições extremas, propondo um olhar nuançado que reconheça a complexidade das relações sociais e a importância da escuta ativa, do debate respeitoso e da mediação ética. Diante disso, convidamos você, leitor, a refletir sobre sua própria voz em meio ao turbilhão de vozes do nosso tempo, sobre o papel que desempenha na construção de uma comunicação que fortaleça a democracia e a dignidade humana.

Este é um convite para que a liberdade de expressão seja vista não como um direito isolado, mas como parte de um projeto coletivo de sociedade mais justa, plural e humana, onde o diálogo e o respeito sejam fundamentais. Que este livro seja, portanto, um estímulo à conscientização, à empatia e ao engajamento crítico, não apenas frente aos desafios digitais, mas em todos os espaços de convívio social e político.

LIBERDADE DE EXPRESSÃO

A FRONTEIRA ENTRE **OPINIÃO** E **DISCURSO DE ÓDIO**

PARTE I – A LIBERDADE DE EXPRESSÃO E SEUS LIMITES

LIBERDADE DE EXPRESSÃO

A FRONTEIRA ENTRE **OPINIÃO** E **DISCURSO DE ÓDIO**

MAS POR QUE FALAR DISSO AGORA?

Uma análise do momento atual: polarização, redes sociais e o aumento dos conflitos sociais e ideológicos

O MUNDO MUDOU. E COM ELE, A FORMA COMO NOS COMUNICAMOS. Hoje, qualquer pessoa com um celular nas mãos pode ser porta-voz de uma ideia. Em segundos, um comentário publicado em uma rede social pode viralizar, atravessar fronteiras e influenciar milhares — ou até milhões — de pessoas.

Nunca na história tivemos tanto acesso à informação, à tecnologia e à visibilidade. No entanto, junto com essa expansão de voz veio também um desafio enorme: aprender a usar esse poder com responsabilidade. E é exatamente nesse ponto que começamos a falhar como sociedade.

A liberdade de expressão, por muito tempo símbolo da luta contra opressões e censuras, vive hoje um paradoxo inquietante. Ao mesmo tempo em que é exaltada como pilar da democracia, tem sido utilizada como escudo para justificar ataques, ofensas e discursos que ferem diretamente a dignidade humana.

É como se, de repente, tudo pudesse ser dito sem filtro, sem empatia, sem responsabilidade. Como se o simples fato de "ter uma opinião" fosse suficiente para validar qualquer tipo de fala, inclusive aquelas que machucam, excluem e perpetuam violências históricas.

Vivemos tempos de extremos. De polarizações que se tornam trincheiras. De lados que já não se escutam, apenas gritam. O diálogo foi substituído por acusações. O debate por cancelamentos. E a internet, essa arena pública, se tornou um palco onde se aplaude quem fala mais alto, não quem pensa com mais profundidade.

Nesse ambiente, opiniões se transformam em armas e curtidas viram combustível para o ego. E os algoritmos, silenciosos e imparciais apenas na teoria, acabam premiando o engajamento mais agressivo. O grito viraliza e a escuta se perde.

Mais grave ainda é o que se esconde por trás de muitas dessas "opiniões". Fala-se em liberdade para justificar o preconceito. Finge-se neutralidade para disfarçar o racismo, a homofobia, o machismo, a xenofobia. Se esquecem, que, no Brasil, esses discursos são, na verdade, crimes previstos em lei e esses agressores, devem ser punidos.

Quando alguém diz, por exemplo, que "era só uma piada", mas essa piada humilha um grupo historicamente oprimido, não estamos mais falando de liberdade, estamos falando de violência. E a violência, quando repetida, se transforma em opressão cotidiana. Como lidar com essa sensação de censura? Será que a solução é ter um órgão regulador que valida tudo o que se fala, escreve e publica?

Censura ou conscientização?

Este livro não é sobre censura é sobre consciência. Não se trata de calar vozes, mas de entender que toda voz carrega uma responsabilidade. E que, numa sociedade que se pretende justa, a liberdade de um não pode servir de instrumento para ferir o outro.

Falar sobre isso agora é mais do que necessário, é urgente. Estamos diante de uma escalada perigosa de discursos extremistas, tanto no Brasil quanto no mundo. Grupos se articulam, ideologias radicais ganham espaço, e indivíduos monetizam o ódio disfarçado de entretenimento.

A internet, que deveria ser uma ponte de encontros, virou por vezes uma máquina de moer reputações. Os mercados da fofoca, da discórdia e do linchamento digital movimentam milhões. Sites, perfis e páginas que vivem do ataque ao outro crescem com patrocínios, visualizações e monetização. A lógica é simples: quanto mais polêmica, mais engajamento. E quanto mais engajamento, mais lucro.

Diante disso, precisamos parar e refletir: que tipo de sociedade estamos alimentando com nossas palavras, nossos cliques e nossos silêncios? Falar sobre os limites da liberdade de expressão é uma forma de proteger algo maior: o nosso direito e o do outro. O direito de viver sem medo. E de não ser reduzido a uma caricatura, estatística ou alvo.

É também uma maneira de educar as novas gerações. Porque o respeito não é o oposto da liberdade. Ele é o solo onde a verdadeira liberdade pode florescer. Não se trata de impedir que ideias circulem, mas de garantir que essas ideias não sejam usadas para apagar existências.

Este capítulo é um convite. Um chamado à responsabilidade. Uma convocação para que possamos pensar com mais profundidade sobre o impacto das nossas falas, das nossas opiniões, dos nossos compartilhamentos. Chegamos a um ponto em que precisamos fazer escolhas conscientes. Usaremos nossa voz para construir pontes ou para cavar abismos? Seremos agentes de diálogo ou instrumentos de destruição?

Se você está lendo este livro, é porque se importa. Porque reconhece que há algo fora do lugar. E porque entende que, para mudar esse cenário, precisamos falar — mas com responsabilidade, com ética, com empatia. Este é o momento. Este é o tempo em que precisamos decidir, de forma consciente, o que queremos fazer com a nossa voz. E, principalmente, como queremos que ela ecoe no mundo.

A ascensão da polarização política e cultural no Brasil e no mundo

Lackso (2021, p. 40) alega que "ultimamente temos falado muito em polarização política mas, verdade seja dita, polarização sempre houve e é parte do ambiente político". Isso é uma verdade, mas não anula o fato de que, nas últimas décadas, testemunhamos o aprofundamento da polarização política e cultural em diversas partes do mundo.

Essa polarização se manifesta como uma crescente incapacidade de grupos sociais e ideológicos dialogarem entre si, reforçando percepções binárias e excludentes da realidade. O "nós contra eles" tornou-se uma narrativa dominante, tanto em debates parlamentares quanto em conversas familiares. Warburton acrescenta:

> O que antes era, em geral, uma discussão uníssona abstrata, tornou-se uma discussão polarizada sobre onde residem os limites aceitáveis da liberdade de expressão em uma democracia que se apresenta multicultural (Warburton, 2020, p. 25).

No Brasil, esse fenômeno ganhou força especialmente a partir das eleições de 2014 e atingiu níveis extremos em 2018, com o acirramento entre discursos da esquerda e da direita. A polarização se intensificou não apenas no campo político-partidário, mas também em debates sobre gênero, religião, cultura, meio ambiente e pandemia. A radicalização ideológica passou a moldar identidades, redes de pertencimento e até vínculos afetivos.

Esse cenário não é exclusivo do Brasil. Nos Estados Unidos, o fenômeno Trump aprofundou divisões sociais já existentes. Na Europa, partidos populistas de extrema-direita e movimentos progressistas disputam espaços com discursos cada vez mais excludentes. A ideia de um "centro moderado" perdeu espaço na arena pública, substituída por visões mais radicais e inflexíveis.

A polarização atual não se restringe ao campo político. Há uma intensificação das disputas culturais, éticas e religiosas, em que diferentes visões de mundo entram em conflito. Temas como aborto, direitos LGBTQIAPN+, racismo estrutural e justiça social tornaram-se campos de batalha simbólicos, em que o diálogo é frequentemente substituído por acusações, cancelamentos e ataques.

Essa intensificação tem afetado o tecido social, dificultando o convívio democrático e o respeito às diferenças. Há uma crescente intolerância à ambiguidade, ao pensamento complexo e à possibilidade de convergência. O outro não é visto como interlocutor, mas como inimigo ideológico, moral ou existencial. O risco é a corrosão do próprio princípio da democracia, que se sustenta na pluralidade e na convivência com o dissenso.

As causas dessa polarização são múltiplas: mudanças econômicas, desconfiança nas instituições, crise de representatividade, influência de lideranças populistas e, principalmente, a lógica das redes sociais. O mundo hiperconectado estimula a simplificação das ideias e o consumo de discursos que reforçam o que já se acredita.

Diante desse cenário, discutir os limites da liberdade de expressão se torna urgente. Quando a comunicação pública é capturada pela lógica da polarização, o espaço para o diálogo se reduz drasticamente, e a palavra deixa de ser ponte para se tornar arma. Precisamos compreender como chegamos até aqui para pensar alternativas mais saudáveis para a convivência democrática. E um dos desafios se encontra nas redes sociais.

O papel das redes sociais na radicalização do discurso público

As redes sociais revolucionaram a comunicação humana. Nunca foi tão fácil expressar opiniões, acessar informação e participar de debates públicos. No entanto, essa democratização do discurso trouxe consigo novos desafios, entre eles, a radicalização do conteúdo compartilhado. Plataformas tais como X (antigo Twitter), Facebook, YouTube e TikTok têm moldado a forma como pensamos, nos informamos e nos posicionamos politicamente.

O design algorítmico dessas plataformas privilegia o engajamento, não a qualidade do conteúdo. Postagens polêmicas, inflamadas e emocionais tendem a gerar mais curtidas, compartilhamentos e comentários e, portanto, ganham mais visibilidade. Isso incentiva a produção e o consumo de conteúdos extremos, simplificados e muitas vezes distorcidos.

Além disso, as redes sociais criam bolhas informacionais. Os algoritmos nos mostram aquilo que queremos ver, reforçando nossas crenças e excluindo pontos de vista divergentes. O resultado é uma fragmentação da realidade, em que diferentes grupos vivem em universos paralelos e interpretam os mesmos fatos de maneiras completamente opostas. Podemos considerar uma revolução:

> Ocorre, entretanto, no início do século XXI, o fenômeno da internet, À criação dos canais de pesquisa, das bibliotecas digitais e, sobretudo, das redes sociais e dos aplicativos de mensagens são os primeiros produtos do engenho humano, posterior à máquina de Gutemberg, a surgirem como contraponto popular eficiente à absorvente e sufocante influência da imprensa oficial e da mídia de massas, Por causa disso, todos temos assistido, nos últimos anos, uma forma completamente nova de se fazer política e de se posicionar culturalmente (Derosa, 2019, p. 16).

Outro fator relevante é o anonimato e a impessoalidade da comunicação online. Muitos se sentem mais livres para expressar ódio, preconceito e ofensas sem enfrentar as consequências sociais que essas atitudes teriam no mundo real. **A desumanização do outro se torna mais fácil quando ele é apenas um avatar numa tela.**

A radicalização do discurso online também tem impacto direto no debate público offline. Políticos, influenciadores e veículos de mídia passaram a adaptar sua linguagem e estratégias à lógica das redes. O conteúdo é moldado para viralizar, não para promover o entendimento. O discurso público se torna mais agressivo, performático e descompromissado com a verdade.

Movimentos políticos e ideológicos perceberam rapidamente o poder das redes e passaram a instrumentalizá-las. Grupos extremistas, por exemplo, usam memes, vídeos curtos e *fake news* para disseminar ideias radicais de forma aparentemente inofensiva. A linguagem visual, emocional e simplificada é ideal para isso. A viralização se torna uma forma de dominação discursiva.

Portanto, as redes sociais, ao mesmo tempo em que ampliaram o acesso à fala pública, também se tornaram aceleradoras da radicalização e da intolerância. Compreender seu funcionamento é essencial para repensar os rumos da liberdade de expressão na sociedade digital. Elas (as redes sociais) deram um boom em conflitos e trouxeram reflexos dos mais variados no dia a dia das pessoas.

A explosão de conflitos ideológicos e seus reflexos no cotidiano

O aumento da polarização e a radicalização discursiva resultaram numa explosão de conflitos ideológicos que afetam o cotidiano de milhões de pessoas. Esses embates deixaram de ser restritos à esfera política e passaram a fazer parte das relações familiares, do ambiente de trabalho, das escolas, igrejas e até da convivência entre amigos.

Discussões políticas tornaram-se motivo de rompimentos de laços afetivos. Famílias se dividem por opiniões opostas sobre governantes, políticas públicas e pautas sociais. Empregos são ameaçados por declarações nas redes sociais, e muitos ambientes institucionais enfrentam dificuldades para gerir convivências marcadas por tensões ideológicas constantes.

A violência simbólica — e, às vezes, até mesmo física — aumentou. Episódios de agressões por motivações políticas ou identitárias tornaram-se mais frequentes. A intolerância ao diferente, antes dissimulada, ganhou legitimidade discursiva. Frases como "não sou obrigado a aceitar isso" tornaram-se lemas de confrontação contra direitos e existências alheias.

O campo educacional também foi invadido por essas disputas. Professores são acusados de "doutrinação" por abordarem temas como democracia, desigualdade ou racismo. Livros didáticos são questionados por abordarem a pluralidade cultural e histórica. A escola, antes espaço de formação crítica, tornou-se um dos alvos da guerra ideológica. **Se alguém defende a causa de minorias é logo rotulado de esquerdista; se defende valores familiares é taxado de conservador da direita.** Será que é realmente preciso criar essa polarização?

Isso nos faz lembrar da perspectiva dos filósofos-reis no Estado utópico de Platão, que expandimos a seguir:

> ...alguns tipos de discursos, principalmente o poético em que um indivíduo assumia o papel de uma pessoa cruel, também eram corruptivos, logo deveriam ser igualmente banidos por terem efeitos nocivos. Para Platão, então, a educação dos filósofos-reis era mais importante do que a liberdade de expressão. A única forma de manter o julgamento deles puro e preciso era afastando-os de influências potencialmente danosas. Embora os argumentos de Platão contra a representação dependiam de uma metafísica exótica, que provavelmente encontraria poucos adeptos hoje, seus herdeiros estão prontos para censurar o que eles veem como palavras e imagens potencialmente danosas (Warburton, 2020, p. 96).

Nos ambientes religiosos, a situação é semelhante. A instrumentalização política da fé transformou muitos púlpitos em palanques. A leitura fundamentalista de textos sagrados tem sido usada para justificar preconceitos e silenciar vozes dissidentes. Religiões, que poderiam promover reconciliação, tornaram-se, em alguns casos, fontes de hostilidade.

Esses conflitos também estão presentes nos espaços públicos e nas redes. Debates sobre vacinas, saúde mental, racismo, feminismo, mudanças climáticas e tantos outros, são rapidamente transformados em arenas de guerra ideológica. A busca por soluções comuns é substituída por ataques e deslegitimação mútua, como se a base ideológica fosse mais importante do que o bem comum.

A convivência democrática exige desacordo civilizado, escuta e empatia. No entanto, a explosão dos conflitos ideológicos tem comprometido esses princípios. Estamos diante de uma sociedade em que a discordância deixou de ser saudável e passou a ser tratada como ameaça, o que torna urgente repensar como nos expressamos e convivemos com a diversidade. A seguir, consideramos alguns casos que exemplificam essa tensão.

Casos recentes emblemáticos envolvendo controvérsias de liberdade de expressão

Nos últimos anos, inúmeros casos envolvendo a liberdade de expressão ganharam repercussão nacional e internacional, expondo os dilemas éticos e jurídicos que envolvem o tema. Um exemplo marcante foi o cancelamento de artistas e personalidades públicas após declarações consideradas racistas, machistas ou homofóbicas.

> O termo "cultura do cancelamento" está em disputa nas sociedades mais polarizadas. Para alguns, é uma falácia. Diante da indignação justa das pessoas, quem fez algo errado estaria reclamando sem razão. Para o polo oposto, é uma grande conspiração para calar a todos (Lacsko, 2023, p. 31).

Essas situações colocam em evidência a tensão entre o direito à fala e a responsabilidade pelas consequências dela. Mas, o cancelamento pode ser uma faca de dois gumes:

> Estamos chegando numa encruzilhada em que teremos de decidir que sociedade queremos, uma em que existe espaço

> para diálogo, para discursos mesmo "complicados", controversos, ou onde praticamos a "censura do bem", cancelamos nossos amigos e escolhemos (ou somos forçados) a viver em bolhas com medo que nossas opiniões vazem (Garcia, 2023, p. 12).

No Brasil, um episódio emblemático foi o caso da escritora e filósofa Djamila Ribeiro, que sofreu ataques racistas após se posicionar sobre temas ligados à equidade racial. A situação gerou uma onda de solidariedade, mas também abriu discussões sobre os limites entre crítica e racismo. A liberdade de discordar existe, mas quando essa discordância vem carregada de estereótipos e preconceitos, se ultrapassa o campo da opinião e adentra o do discurso de ódio.

Outro caso importante envolveu o comediante Danilo Gentili, que tem sido processado por declarações consideradas ofensivas a figuras públicas e grupos sociais. O humor, tradicionalmente um campo de provocação e crítica social, levanta a questão: até que ponto uma piada pode ser protegida como liberdade de expressão? O riso, quando direcionado contra minorias já vulneráveis, pode reproduzir violência simbólica?

No cenário internacional, episódios como o ataque à revista francesa *Charlie Hebdo* por extremistas islâmicos reacenderam o debate sobre o direito de satirizar religiões e figuras sagradas. A tragédia deixou claro que a liberdade de expressão não é apenas um debate teórico: ela envolve riscos reais e pode ser confrontada por forças extremas que rejeitam o pluralismo democrático.

Também têm ganhado atenção os casos de influenciadores digitais que disseminam desinformação, especialmente durante a pandemia de COVID-19. Declarações falsas sobre vacinas, tratamento precoce e medidas sanitárias foram amplamente compartilhadas, com graves impactos na saúde pública. Será que a liberdade de expressão deve proteger mentiras que colocam vidas em risco? A desinformação está diretamente relacionada com as *fake news*:

> A palavra desinformação é usada popularmente como sinônimo de falta de informação. Mas existe outro sentido, usado por agências de inteligência, que diz respeito à técnica de

> gerar reações controladas em grupos ou populações que se deseja controlar. Este é o sentido dado pelo general romeno, ex-agente de inteligência, Mihai Pacepa no livro Desinformação". Ali ele conta as longas operações de contrainteligência militar de que participou, como a que buscou transformar o ditador romeno Nicolae Ceaugescu em uma flor de pessoa, tanto aos olhos do sofrido povo daquele país como no exterior (Derosa, 2014, p. 82).

Tribunais têm sido convocados a decidir sobre essas questões com frequência cada vez maior. A jurisprudência ainda é instável, pois cada caso possui contextos próprios. No entanto, a tendência é crescente: a liberdade de expressão não pode ser invocada como escudo para ataques à dignidade humana, incitação à violência ou disseminação de ódio.

Esses casos mostram que estamos diante de uma encruzilhada. A proteção da liberdade de expressão continua sendo um pilar das democracias, mas é preciso distinguir entre seu exercício legítimo e seu uso como instrumento de dominação, preconceito ou violência. É essa distinção que este livro busca esclarecer e problematizar.

Por que este tema se tornou central no debate democrático contemporâneo?

A liberdade de expressão tornou-se um dos temas mais debatidos em sociedades democráticas porque está no centro de múltiplos conflitos atuais: políticos, culturais, jurídicos e tecnológicos. Em um mundo hiperconectado, onde a palavra circula com velocidade e alcance sem precedentes, o poder de influenciar, ferir ou mobilizar nunca foi tão grande. Falar se tornou um ato com consequências políticas e sociais reais.

Ao mesmo tempo, a defesa da liberdade de expressão é frequentemente invocada por grupos com objetivos contraditórios. Progressistas e conservadores, ativistas e autoridades, jornalistas e influenciadores, todos recorrem a esse direito para legitimar seus posicionamentos. Mas o que acontece quando o direito de um colide com o direito de outro? Quando a expressão de uma ideia ameaça a dignidade ou a segurança de um grupo?

Vivemos um momento de crise institucional e cultural em que os conceitos democráticos estão sendo reavaliados. A liberdade de expressão, outrora símbolo de emancipação e resistência contra tiranias, agora é usada também por movimentos extremistas para disseminar ódio, xenofobia e autoritarismo. Isso exige uma reflexão crítica sobre seus limites e sua função na sociedade.

A centralidade do tema também se deve à sua complexidade. Não há uma fórmula simples para equilibrar liberdade e responsabilidade. Cada contexto demanda análise cuidadosa. O que é ofensivo para um pode ser libertador para outro. O que ontem era socialmente aceito, hoje pode ser inaceitável. A linguagem muda, as sensibilidades se transformam, e o direito precisa acompanhar esse dinamismo.

Além disso, o tema ganhou relevância por conta das novas tecnologias. A internet dissolveu as fronteiras entre o público e o privado. Uma fala em tom informal, feita num perfil pessoal, pode atingir milhões de pessoas e gerar impactos institucionais. O cidadão comum tornou-se um agente midiático, com responsabilidade pública. Isso reconfigura os parâmetros do que é expressão "livre" e suas consequências.

Também é importante destacar que o debate sobre liberdade de expressão não é neutro. Ele envolve disputas de poder: quem pode falar, quem é silenciado, quem define o que é aceitável ou não. O conceito de liberdade pode ser usado para proteger tanto a emancipação de grupos oprimidos quanto a manutenção de privilégios históricos. A questão, portanto, não é apenas jurídica, mas também ética e política. Moraes ajuda nessa discussão:

> ...é impossível a narração de um fato absolutamente asséptica, sem qualquer juízo de valor. Evidentemente que a narração de um fato traz em seu bojo a história de vida, a experiência, a inteligência e, por conseguinte, a opinião de quem a realiza. Não há, portanto, informação transmitida de forma absolutamente neutra. Com isso, é dado ao veículo de comunicação estabelecer a sua linha editorial, que reflete a política da empresa, a sua visão de mundo e suas opiniões. Obviamente que o estabelecimento de uma

> linha editorial não pode ser confundido com um cheque em branco para falsear a realidade. Porém, é indiscutível que a linha editorial, além de, em grande medida, ditar a pauta jornalística, baliza a contratação de colunistas que com ela convergem. Ou seja, não há veículo de comunicação rigorosamente neutro, não sendo isto contrário a qualquer preceito constitucional (Moraes, 2021, p. 318).

Além do que discutimos até aqui, acrescentamos que este tema se tornou central porque toca no núcleo da convivência democrática: o direito de ser, de pensar, de se expressar. Porém, também toca no direito de não ser ofendido, silenciado ou agredido por causa disso. O equilíbrio entre liberdade e respeito é o maior desafio das sociedades contemporâneas. E é somente a partir do diálogo honesto e da reflexão crítica que poderemos avançar em direção a uma liberdade verdadeiramente humanizadora. No entanto, para seguirmos adiante, precisamos definir o que é liberdade de expressão.

O QUE É A LIBERDADE DE EXPRESSÃO?

Origem, conceito jurídico e filosófico, limites legais e morais

A LIBERDADE DE EXPRESSÃO É FREQUENTEMENTE EVOCADA EM DIScursos públicos, debates jurídicos e manifestações culturais, mas nem sempre é compreendida em sua complexidade histórica, filosófica e legal. Este capítulo busca apresentar os fundamentos desse direito fundamental, situando-o em sua origem, evolução e nos desafios contemporâneos que ele enfrenta. Falar de liberdade de expressão é, essencialmente, falar de democracia, direitos humanos e limites éticos.

Embora pareça um conceito intuitivo — o direito de expressar opiniões livremente —, a liberdade de expressão envolve uma série de tensões. Ela está no centro do equilíbrio entre o indivíduo e o coletivo, entre o direito de dizer e o dever de ouvir, entre a crítica legítima e a preservação da dignidade alheia. Compreender suas raízes e seus contornos é essencial para não cair em distorções simplistas que podem tanto sufocar quanto abusar dessa liberdade.

Neste capítulo, partiremos das raízes filosóficas e políticas da liberdade de expressão, analisando pensadores como John Locke, Voltaire e John Stuart Mill, e sua influência nas democracias constitucionais modernas. Em seguida, abordaremos sua consagração como direito humano universal e pilar das sociedades livres, com destaque para a Declaração Universal dos Direitos Humanos.

Também exploraremos os limites jurídicos impostos ao exercício desse direito, especialmente à luz da Constituição Federal do Brasil e de marcos legais relevantes. Esses limites não buscam suprimir a liberdade, mas protegê-la de distorções que a transformem em instrumento de violência simbólica ou real. Nenhum direito é absoluto, e a liberdade de expressão não é exceção.

Além dos aspectos legais, discutiremos os limites morais e sociais que envolvem o uso da palavra. Há fronteiras éticas que não estão escritas na lei, mas que regulam a convivência civilizada. A forma como nos comunicamos influencia o ambiente em que vivemos; por isso, expressar-se livremente também exige responsabilidade.

Refletiremos sobre os desafios que a liberdade de expressão enfrenta tanto em regimes democráticos quanto autoritários. Em alguns contextos, ela é ameaçada por censuras explícitas; em outros, por mecanismos sutis de silenciamento ou manipulação. Compreender essas dinâmicas é fundamental para a defesa consciente desse direito.

Este capítulo é, portanto, uma imersão nos fundamentos da liberdade de expressão. Ele fornece as bases teóricas, históricas e jurídicas para as discussões que virão nos capítulos seguintes. Em um mundo em que a palavra é cada vez mais poderosa — e, por vezes, perigosa —, compreender esse direito é um exercício de cidadania.

Raízes históricas e filosóficas: de Locke e Mill às democracias constitucionais

A concepção moderna de liberdade de expressão começou a se formar nos séculos XVII e XVIII, em meio às revoluções políticas e intelectuais que marcaram o nascimento do liberalismo. Um dos primeiros pensadores a formular uma defesa consistente da liberdade de expressão foi John Locke, que argumentava que a razão e o debate eram fundamentais para a busca da verdade. Para ele, o governo não deveria impor uma única visão religiosa ou filosófica à sociedade (Kemp, 2024, p. 27).

Seu conceito emergente de tolerância religiosa derivou-se do precedente liberdade de consciência, defendido por teólogos e filósofos como Erasmo de Rotterdam, Dirck Coornhert e Sebastien Castellio. Basicamente, a ideia inicial era de não haver coerção da consciência religiosa, visto que os líderes políticos impunham suas religiões aos súditos.

Tolerância seguiu com a proposta de liberdade de consciência. Seguia no caminho de não privilegiar uma religião em detrimento da outra, mas pensar nelas de maneira igual, com direitos para todos os lados.

Também cooperou para a noção de laicidade, sem que o Estado tivesse uma religião oficial.

O Iluminismo aprofundou essa ideia. Pensadores como Voltaire e Montesquieu enfatizaram a importância da tolerância e da pluralidade de ideias como pilares da liberdade. A famosa frase atribuída a Voltaire — "Posso não concordar com uma palavra do que dizes, mas defenderei até a morte o teu direito de dizê-la" — ainda hoje sintetiza o ideal liberal de proteção à liberdade de expressão mesmo diante da divergência (Kemp, 2024, p. 29).

No século XIX, John Stuart Mill, em sua obra *Sobre a Liberdade*, ofereceu uma das defesas mais influentes e refinadas desse direito. Para Mill, a liberdade de expressão não era apenas um direito individual, mas uma necessidade social. Segundo ele, mesmo opiniões falsas ou impopulares devem ser permitidas, pois seu confronto com a verdade fortalece a própria verdade e a racionalidade pública.

Mill estabeleceu o que viria a ser conhecido como o "princípio do dano": o único motivo legítimo para restringir a liberdade de alguém seria a prevenção de dano a outros. Assim, uma expressão que não cause dano direto e mensurável não deve ser proibida. Essa ideia é ainda hoje uma referência nos debates sobre os limites legítimos da liberdade de expressão (Kemp, 2024, p. 32-33). Podemos expandir:

> O Princípio do Dano é ponto central do raciocínio de Mill apresentado ao longo da obra *Sobre a Liberdade*, a ideia de que indivíduos adultos devem ser livres para fazerem o que quiserem, contanto que não causem dano a outra pessoa. O princípio de Mill aparenta ser bem direto: a única justificativa para interferir na liberdade de alguém viver sua vida como preferir é se isso representar um risco de dano aos outros (Warburton, 2020, p. 28).

Essas ideias influenciaram profundamente a construção das democracias constitucionais modernas. A Primeira Emenda da Constituição dos Estados Unidos (1791) foi uma das primeiras a consagrar o direito à liberdade de expressão, estabelecendo que o Congresso não poderá fazer leis que limitem a liberdade de imprensa ou de expressão. A Revolução

Francesa seguiu na mesma linha, com a Declaração dos Direitos do Homem e do Cidadão (1789) afirmando o direito de todo cidadão de falar, escrever e imprimir livremente.

No século XX, essas ideias foram incorporadas em documentos internacionais de direitos humanos, como a Declaração Universal dos Direitos Humanos (1948) e o Pacto Internacional sobre Direitos Civis e Políticos (1966), que reconhecem a liberdade de expressão como um direito fundamental do ser humano.

Essas raízes filosóficas e históricas formam a base da noção moderna de liberdade de expressão. Entendê-las nos permite perceber que esse direito não surgiu para justificar o ódio ou a violência, mas como ferramenta de emancipação, pluralidade e progresso social. É por isso que sua defesa exige discernimento e compromisso com os princípios que lhe deram origem.

Liberdade de expressão como direito humano e pilar democrático

A liberdade de expressão é reconhecida internacionalmente como um dos direitos humanos fundamentais. Esse reconhecimento está presente em documentos como a Declaração Universal dos Direitos Humanos (1948), que afirma, no artigo 19, que "todo ser humano tem direito à liberdade de opinião e expressão". Esse direito inclui a liberdade de ter opiniões sem interferência e de buscar, receber e transmitir informações por quaisquer meios, independentemente de fronteiras.

A lógica por trás desse reconhecimento é simples e poderosa: sem liberdade de expressão, não há democracia plena. O debate público, a fiscalização dos governantes, a crítica às estruturas de poder e a participação cidadã dependem do livre fluxo de ideias e informações. Onde a fala é reprimida, a verdade é sufocada, e o autoritarismo prospera.

A liberdade de expressão também é essencial para a proteção de outros direitos. Denúncias de violações de direitos humanos, por exemplo, só podem ocorrer se as vítimas e os defensores tiverem liberdade para se manifestar. O direito à liberdade religiosa, à educação, à participação política e à identidade cultural está intimamente ligado à liberdade de expressar-se.

Nas democracias contemporâneas, a liberdade de expressão é vista como uma "liberdade matriz", pois dela derivam outras liberdades civis. A imprensa livre, o acesso à informação e o direito de protesto são extensões dessa liberdade. Ela garante que múltiplas vozes possam coexistir, mesmo quando dissonantes, e que o consenso social seja resultado do diálogo, e não da imposição.

Entretanto, essa liberdade não significa ausência de consequências. O direito de se expressar não implica impunidade. Em democracias saudáveis, a liberdade de expressão convive com a responsabilidade civil e penal em casos de calúnia, difamação, incitação à violência ou propagação de ódio, embora, às vezes, possamos ter a sensação de impunidade, sobretudo em ações da internet. De qualquer modo, a pluralidade exige limites mínimos para que não se transforme em caos ou tirania da maioria. Em contrapartida, a internet não é uma terra sem lei:

> ...a internet não pode ser vista como um ambiente em que seus usuários toleram ou aceitam violações a direitos fundamentais, sob pena de, em pouco tempo, tais violações estarem preenchendo a maior parte de sua vida cotidiana. Vale dizer: enxergar a internet como ambiente imune a todo o arcabouço jurídico construído, desde o fim de Segunda Guerra Mundial, em defesa dos direitos fundamentais representaria grave retrocesso na evolução da ciência jurídica contemporânea. A internet não é imune à incidência das normas constitucionais que estabelecem, claramente, a proteção da liberdade de expressão (art. 5 º, IV e IX), 20 mas também, e em igual medida, de outros direitos fundamentais, como se vê do artigo 5 º , inciso X, no qual se lê: "são invioláveis a intimidade, a vida privada, a honra e a imagem das pessoas, assegurado o direito a indenização pelo dano material ou moral decorrente de sua violação" (Schreiber, 2021, p. 21).

Mesmo assim, qualquer restrição à liberdade de expressão deve ser analisada com rigor. Os sistemas internacionais de proteção dos direitos humanos estabelecem que eventuais limitações precisam cumprir três critérios: legalidade, necessidade e proporcionalidade. Ou seja, devem estar previstas em lei, ser indispensáveis para proteger outros direitos e não extrapolar o necessário, caso contrário, podemos cair no excesso de ditaduras e de censuras.

Como pilar democrático, a liberdade de expressão também exige uma cultura de escuta, debate e convivência com o dissenso. A democracia não pressupõe unanimidade, mas pluralismo. E esse pluralismo só é possível quando as vozes — inclusive as incômodas — podem circular livremente, desde que respeitem os limites do respeito mútuo e da dignidade humana.

Limites legais: o que diz a Constituição e a legislação brasileira

No Brasil, a liberdade de expressão está garantida no artigo 5º da Constituição Federal de 1988, que afirma, no inciso IV, que "é livre a manifestação do pensamento, sendo vedado o anonimato", e no inciso IX, que "é livre a expressão da atividade intelectual, artística, científica e de comunicação, independentemente de censura ou licença". Essa proteção reflete o espírito democrático que permeia a Constituição Cidadã.

Entretanto, a própria Constituição prevê que essa liberdade não é absoluta. O inciso X do mesmo artigo garante o direito à intimidade, à vida privada, à honra e à imagem das pessoas, assegurando o direito à indenização por dano material ou moral. Já o inciso XLIV tipifica como crime inafiançável e imprescritível a ação de grupos armados contra a ordem constitucional e o Estado Democrático de Direito, o que pode incluir discursos de incitação à violência ou golpe de Estado.

O Código Penal Brasileiro também impõe limites à liberdade de expressão em situações como calúnia, injúria e difamação (arts. 138 a 140), bem como nos casos de incitação ao crime (art. 286), apologia a crime ou criminoso (art. 287) e discriminação ou preconceito de raça, cor, etnia, religião ou procedência nacional (Lei 7.716/89). O Marco Civil da Internet (Lei 12.965/2014), por sua vez, estabelece princípios e garantias para o uso da internet, incluindo responsabilidade das plataformas em determinadas situações. Sobre esse Marco, Schreiber comenta:

> A promulgação do Marco Civil da Internet (Lei 12.965/2014) trouxe numerosos avanços na disciplina jurídica do uso da

> internet no Brasil, como, por exemplo, a consagração do princípio da neutralidade da rede. Tais avanços devem ser aplaudidos. Falhou, todavia, a referida lei no tocante à regulação da responsabilidade civil por danos derivados de conteúdos ofensivos veiculados na rede. A aludida falha precisa ser corrigida, evitando-se os diferentes problemas e injustiças que tem gerado no tocante à tutela dos direitos fundamentais na rede (Schreiber, 2021, p. 29-30).

Nos últimos anos, o Supremo Tribunal Federal (STF) e outras instâncias do Judiciário brasileiro têm se debruçado sobre os limites da liberdade de expressão, especialmente diante do crescimento das fake news, do discurso de ódio e das ameaças às instituições democráticas. O Inquérito das Fake News e decisões sobre ataques ao STF e ao Congresso são exemplos de como a liberdade de expressão pode colidir com o dever de proteger a ordem constitucional.

Há também debates legais sobre o uso da liberdade de expressão no ambiente político. A propaganda eleitoral, por exemplo, está sujeita a regras específicas para evitar abuso de poder, desinformação e ataques à honra. O Tribunal Superior Eleitoral (TSE) vem ampliando sua atuação para conter discursos que atentem contra o processo democrático.

Outro ponto importante é a responsabilidade das plataformas digitais. Embora elas sejam, em regra, isentas de responsabilidade por conteúdo de terceiros, são obrigadas a remover conteúdos ilegais mediante ordem judicial. O projeto de regulação das plataformas, conhecido como “PL das Fake News”, busca tornar mais claro o papel dessas empresas na moderação de conteúdo.

Deste modo, no Brasil, a liberdade de expressão é um direito protegido, mas ao mesmo tempo regulado. A legislação busca equilibrar o direito de se expressar com a necessidade de proteger a dignidade, a honra e os fundamentos da democracia. O desafio é aplicar essas normas sem cair em censura ou em permissividade excessiva.

Limites morais e sociais: quando o direito de um esbarra na integridade do outro

Para além dos limites legais, existem limites morais e sociais que regulam a liberdade de expressão. São fronteiras construídas pela ética da convivência e pelo respeito mútuo, que muitas vezes não estão previstas na lei, mas são fundamentais para a manutenção de uma sociedade saudável. A moral pública, a sensibilidade social e os valores coletivos também determinam o que é aceitável dizer — e como dizer.

A noção de "liberdade com responsabilidade" se torna central nesse contexto. Uma pessoa pode ter o direito legal de dizer algo, mas isso não significa que deva dizê-lo de qualquer forma, em qualquer lugar ou em qualquer contexto. A liberdade de expressão exige empatia, escuta e discernimento. Ela pressupõe uma consciência de que a palavra pode ferir, excluir ou marginalizar.

Uma opinião que nega o sofrimento de um grupo historicamente oprimido pode não ser ilegal, mas é eticamente reprovável. A sociedade estabelece códigos de conduta que, embora não estejam em textos legais, orientam a vida em comum.

Esses limites variam conforme o tempo, a cultura e o ambiente social. O que era tolerado há décadas pode hoje ser considerado inaceitável. A evolução moral da sociedade impõe novas exigências à linguagem pública. Isso é um sinal de amadurecimento coletivo, não de censura. A liberdade de expressão deve acompanhar essa evolução sem perder sua essência.

Essa tensão de coisas que no passado eram vistas como normalizadas, pois o filtro e a perspectiva ética eram diferentes, tem levado ao chamado direito do esquecimento, no âmbito jurídico. Schreiber explica:

> As mudanças tecnológicas alteraram significativamente a forma como o ser humano vem lidando com suas memórias. Se, antes, o indivíduo tendia naturalmente a esquecer, distanciando-se progressivamente do passado, hoje, computadores e aparelhos eletrônicos permitem a "lembrança de tudo". Como afirma Mayer-Schönberger, na era digital, "o equilíbrio entre lembrar e esquecer começou a se inverter":

lembrar tornou-se a regra e "esquecer, a exceção." (Schreiber, 2021, p. 358).

Recentemente, um episódio do Chapolin, personagem interpretado por Roberto Bolaños (mais conhecido pela interpretação do Chaves), que fez parte da infância de milhões de brasileiros, teve um trecho em que aparecia um personagem com blackface (i.e., quando uma pessoa branca é pintada de preta) cortado da programação, devido às críticas contemporâneas a tal prática como sendo racistas. A jornalista Gomes explica que:

> A tentativa inicial foi de evitar a exibição de cenas consideradas racistas, alinhando-se a pautas sociais importantes. Só que a decisão pegou mal entre fãs e especialistas em cultura. Muitos viram a remoção como um tipo de apagamento histórico. O episódio em questão mostra Chapolin recorrendo ao blackface para se disfarçar e escapar de um pelotão de fuzilamento, dentro do humor característico do seriado criado nos anos 1970. A escolha por censurar, mesmo que parcialmente, reacendeu o debate sobre até onde devemos ir para adaptar obras antigas aos valores atuais. Nas redes sociais, o burburinho só aumentou: internautas acusaram a plataforma de tentar "apagar o passado" em vez de permitir reflexão real sobre ele (Gomes, 2025).

Na mesma matéria, ela acrescenta que "não demorou muito para que a pressão funcionasse" e que "depois de manifestações de fãs, protestos em fóruns e a repercussão na mídia, a Globoplay optou por recolocar o episódio no ar, sem cortes, em julho de 2025" (Gomes, 2025).

Assim, podemos perceber que os limites sociais são frequentemente autoimpostos. Pessoas e instituições decidem se silenciar, se desculpar ou se retratar diante de críticas ou reações negativas. Isso não é, necessariamente, censura. Pode ser um gesto de responsabilidade social. A liberdade de se expressar inclui também a liberdade de reconhecer excessos.

Cabe destacar que o ambiente digital amplificou a importância desses limites. O que antes era dito entre quatro paredes, hoje é compartilhado com milhares de pessoas. A palavra ganha peso, eco e consequências. O uso responsável da linguagem pública tornou-se um desafio ético da era digital, que dá voz a pessoas dos quatro cantos do mundo, que opinam sobre o que nunca estudaram e expõem pensamentos peculiares ou populares.

Assim, os limites morais e sociais à liberdade de expressão são construções coletivas e dinâmicas. Eles não substituem a lei, mas a complementam. E são tão importantes quanto ela para garantir que a liberdade de falar não se transforme em liberdade de ferir, humilhar ou desumanizar.

A tensão entre liberdade e censura em regimes autoritários e democráticos

A tensão entre liberdade de expressão e censura é uma das marcas mais complexas da história política contemporânea. Regimes autoritários, por definição, reprimem a livre manifestação de ideias e controlam a informação para manter o poder. Já nas democracias, essa tensão assume formas mais sutis: ocorre quando medidas para combater abusos na fala correm o risco de silenciar opiniões legítimas.

Em regimes totalitários, como o nazismo, o stalinismo ou ditaduras militares da América Latina, a censura era explícita. Livros eram proibidos, jornais fechados, artistas perseguidos, professores silenciados. A palavra livre era vista como ameaça à estabilidade do regime. A repressão à expressão era parte do aparato de controle social e ideológico.

Na democracia, a censura não desaparece, mas muda de forma. Pode surgir como autocensura, pressão social, perseguição judicial ou controle indireto da mídia. Em alguns casos, o Estado utiliza a justificativa de “manter a ordem” para limitar a crítica, dificultar manifestações públicas ou monitorar redes sociais. Em outros, são grupos econômicos ou ideológicos que operam o silenciamento. O texto a seguir, nos leva a pensar sobre a censura em países democráticos:

> A Freedom House produz um relatório anual, Freedom on the Net (2023), abrangendo 70 países contendo 89% dos

> usuários de internet do mundo, que mapeia de forma extremamente útil a extensão global da censura na internet. A edição de 2022 mostra que a China, com seu "grande muro de liberdade", foi o pior ambiente do mundo para a liberdade na internet pelo oitavo ano consecutivo, com Mianmar em segundo lugar. Este último, juntamente com Rússia, Líbia e Sudão, experimentou os declínios mais acentuados do mundo na liberdade na internet. Outros que experimentaram declínios acentuados incluíram Nicarágua e Hungria. O ambiente para os direitos humanos online se deteriorou em 28 países. Mais de dois terços dos usuários de internet do mundo vivem atualmente em países onde as autoridades punem as pessoas por exercerem seu direito à livre expressão online. Autoridades em pelo menos 53 países acusaram, prenderam ou encarceraram usuários de internet em retaliação por postagens sobre causas políticas ou sociais. Autoridades em pelo menos 40 países bloquearam conteúdo social, político ou religioso online, um recorde histórico nessas pesquisas, e autoridades em 47 países limitaram o acesso dos usuários a fontes de informação localizadas fora de suas fronteiras. Em pelo menos 22 países, autoridades governamentais bloquearam o acesso a mídias sociais ou plataformas de comunicação. É claro que muitos dos países específicos mencionados no relatório não são democráticos, ou em alguns casos são democráticos apenas no nome, mas o relatório também reconhece que os países democráticos também praticam a censura na internet, embora com fins diferentes e geralmente por meios menos óbvios (Petley, 2024, p. 310).

Um dos desafios contemporâneos é identificar a tênue linha entre regulação legítima e censura abusiva. Quando uma rede social retira uma postagem com discurso de ódio, está protegendo a dignidade humana ou suprimindo uma opinião? Quando o Estado pune uma *fake news* que ameaça a saúde pública, está defendendo o bem comum ou restringindo a liberdade de expressão?

Essa tensão se acentua em tempos de crise. Pandemias, guerras, golpes e desinformação costumam levar à intensificação do controle estatal sobre a fala pública. A tentação de censurar cresce, especialmente quando o caos ameaça a ordem. Mas é justamente nesses momentos que a liberdade de expressão deve ser protegida com mais firmeza, pois ela é um antídoto contra o autoritarismo.

Ao mesmo tempo, não se pode ignorar que a liberdade de expressão pode ser instrumentalizada para enfraquecer a própria democracia. Movimentos antidemocráticos muitas vezes usam o direito de falar para disseminar ódio, minar instituições e sabotar o próprio regime que os protege. A democracia precisa encontrar formas de se defender sem se tornar opressiva.

A tensão entre liberdade e censura é inevitável e, de certo modo, saudável. Ela obriga a sociedade a revisar constantemente seus valores, seus limites e seus compromissos. Uma democracia madura é aquela que consegue preservar a liberdade de expressão, mesmo em tempos difíceis, sem permitir que ela seja usada como arma contra os próprios fundamentos democráticos.

Isso nos leva a outro ponto: o que é discurso de ódio? Como ele, de fato, se manifesta? Qual é o órgão regulador que pode delimitar um discurso de ódio? Quais os perigos das metanarrativas para hipervalorizar um episódio como odioso? Como as mídias, de modo geral, podem contribuir para essas metanarrativas? E como lidar com o perigo real e imediato dos discursos de ódio sem ferir a liberdade de expressão e vice-versa? Vamos discutir um pouco sobre isso no próximo capítulo.

O QUE É DISCURSO DE ÓDIO?

Definições, características, implicações sociais e jurídicas

O TERMO "DISCURSO DE ÓDIO" GANHOU AMPLA VISIBILIDADE NO DEBATE público contemporâneo, especialmente com a ascensão das redes sociais como arenas de discussão política, religiosa, cultural e moral. Embora o conceito não seja novo, sua presença constante na mídia e no cotidiano demonstra que compreender seus contornos jurídicos, sociais e éticos se tornou uma tarefa urgente para quem deseja defender uma sociedade plural, democrática e respeitosa.

Vamos entender, em primeiro lugar, o conceito desse tema que é central neste capítulo:

> Afinal, qual seria a definição para discurso de ódio? É difícil encontrar uma que seja aceita de maneira uniforme, mas (...) abrange "manifestações que se prestam a insultar, intimidar ou incomodar uma pessoa ou um grupo, bem como aquelas manifestações que se prestam a conclamar a violência, ao ódio ou discriminação" (...) a razão do ódio e da discriminação é quase sempre a raça, a religião, o gênero ou a orientação sexual. Diante da difícil distinção entre discursos de ódio e discursos meramente inconvenientes, questiona se aquela espécie de manifestação do pensamento mereça alguma tutela (Costa, 2021, p. 59-60).

O desafio é distinguir com clareza quando um discurso se torna algo mais do que mera opinião e passa a ser uma ameaça real à dignidade e segurança de grupos específicos. Mas, como distinguir isso? Como discernir piadas, brincadeiras, pontos de vista e opiniões de discursos ameaçadores, que disseminam o ódio?

Historicamente, o discurso de ódio tem sido um combustível para práticas discriminatórias, perseguições sistemáticas e até genocídios.

Ele não surge do nada: é construído, legitimado e difundido a partir de crenças, estigmas e discursos aparentemente inofensivos que, ao serem naturalizados, se tornam perigosos. A banalização da linguagem ofensiva e a relativização de seus impactos são formas indiretas de sustentar estruturas de exclusão e violência.

A centralidade do discurso de ódio nos debates jurídicos e acadêmicos decorre do fato de que ele desafia diretamente os limites da liberdade de expressão. Afinal, como equilibrar o direito de manifestar ideias com o direito das pessoas à integridade, segurança e dignidade? Esta é uma pergunta que perpassa o direito, a filosofia política e a ética, exigindo uma abordagem multidisciplinar. Sobre a dignidade, Costa explica:

> A "dignidade da pessoa humana" é um conceito jurídico indeterminado, apesar de ser considerada também como valor supremo e um dos fundamentos do Estado Democrático de Direito (art. iº, III, CR/1988). Consagrada expressamente na Constituição da República de 1988, a "dignidade da pessoa humana" deve servir como razão para a decisão de casos concretos e, principalmente, como diretriz para elaboração, interpretação e aplicação das normas que compõem o ordenamento jurídico, em geral, e o sistema de direitos fundamentais, em particular (Costa, 2021, p. 77).

Nos contextos democráticos, esse tipo de discurso costuma se manifestar com roupagens sutis, escondido sob a aparência de piadas, críticas culturais, religiosas ou políticas. Em regimes autoritários, ele frequentemente é institucionalizado como forma de marginalizar opositores e consolidar o poder. Assim, o discurso de ódio se adapta aos contextos em que é veiculado, o que dificulta sua identificação objetiva.

A definição de discurso de ódio exige cuidado para que não se cometa o erro de confundir crítica legítima com intolerância. A crítica, ainda que dura, visa questionar ideias, estruturas ou comportamentos. Já o discurso de ódio busca desumanizar, inferiorizar ou eliminar o outro. Esse ponto é determinante na construção de parâmetros para o debate público e as decisões judiciais.

Um exemplo recente disso se deu com a filha do empresário Roberto Justus, a Vicky, de apenas 5 anos de idade. Imagens da menina com uma bolsa avaliada em torno de R$ 14 mil circularam pela Internet. Muitas críticas foram feitas a ela e aos pais. No entanto, a situação extrapolou e algumas pessoas manifestaram discurso de ódio, alegando que Justus, a esposa e a filha deveriam ir para a guilhotina, que deveriam ser executados... (Rachel, 2025). Será que esse desejo de morte, de execução é uma manifestação legítima de opinião?

Nas sociedades contemporâneas, os algoritmos das redes sociais amplificam essas manifestações. Palavras agressivas e extremadas geram mais engajamento, o que estimula sua disseminação. Isso torna ainda mais difícil conter o discurso de ódio, pois ele está embutido em uma lógica tecnológica de monetização da atenção.

É necessário, portanto, construir uma consciência coletiva de que a linguagem tem poder: poder de construir e de destruir. Ao abrir este capítulo, é essencial reconhecer que discutir o discurso de ódio não é apenas um exercício teórico; é uma exigência ética e prática para garantir uma convivência pacífica, respeitosa e democrática.

Definições jurídicas e sociológicas de discurso de ódio

No campo jurídico, o discurso de ódio costuma ser definido como qualquer manifestação pública que incite discriminação, hostilidade ou violência contra indivíduos ou grupos com base em características como raça, etnia, religião, orientação sexual, gênero, nacionalidade, entre outras. Essa definição está presente em tratados internacionais de direitos humanos, como a Convenção Internacional sobre a Eliminação de Todas as Formas de Discriminação Racial (1965).

Já na sociologia, o discurso de ódio é compreendido como uma prática discursiva que reforça sistemas de exclusão e marginalização. Ele atua como uma ferramenta simbólica que legítima relações de poder desiguais e justifica atos concretos de violência. Nesse sentido, o discurso de ódio não é apenas uma fala ofensiva, mas uma construção social que atua na manutenção de hierarquias históricas.

É importante destacar que nem toda fala agressiva é juridicamente enquadrada como discurso de ódio. O sistema jurídico busca, geralmente, elementos objetivos como incitação à violência ou a repetição sistemática de ofensas dirigidas a determinados grupos. A intencionalidade e o contexto da fala são também considerados.

Os juristas frequentemente enfrentam o dilema de aplicar normas de proteção contra o discurso de ódio sem restringir indevidamente a liberdade de expressão. Por isso, em muitas democracias constitucionais, esse tipo de discurso só é criminalizado quando há risco concreto de dano ou incitação clara à violência ou discriminação.

No Brasil, o discurso de ódio ainda carece de uma definição legal sistematizada, embora dispositivos como a Lei nº 7.716/1989 (Lei do Racismo), o Estatuto da Igualdade Racial e outras normas sobre crimes de injúria racial, homofobia e transfobia ajam como instrumentos legais de combate a esse tipo de manifestação.

Em países da Europa, como Alemanha e França, há legislações específicas contra discursos de ódio, especialmente relacionados ao antissemitismo e à negação do Holocausto. Parece estranho esse tipo de negacionismo, mas ele realmente existe:

> A negação do Holocausto é uma propaganda que busca negar a realidade do Holocausto, o assassinato em massa sistemático de seis milhões de judeus e milhões de outros considerados "inferiores" pelo regime nazista. Apresentando sua propaganda como "revisionismo histórico", os negacionistas do Holocausto tentam disseminar suas ideias radicais e infundadas, oferecendo dados e argumentos duvidosos contra os fatos históricos bem estabelecidos do Holocausto (Cohen-Almagor, 2024, p. 197-198).

Nos Estados Unidos, por outro lado, a Primeira Emenda garante uma proteção ampla à liberdade de expressão, dificultando a criminalização do discurso de ódio, salvo quando ele se converte em ameaça ou incitação direta à violência.

Portanto, compreender o discurso de ódio exige uma articulação entre os conceitos normativos do direito e as análises críticas das ciências sociais. Somente assim é possível formular políticas públicas e decisões judiciais que respeitem os direitos fundamentais e protejam os mais vulneráveis.

Elementos que caracterizam o discurso de ódio: intenção, conteúdo e contexto

Para que uma manifestação seja caracterizada como discurso de ódio, ela deve conter certos elementos fundamentais. O primeiro deles é a *intenção*: geralmente, é necessário que haja a intenção deliberada de ofender, discriminar ou incitar hostilidade contra uma pessoa ou grupo. Essa intencionalidade nem sempre é explícita, o que torna sua identificação um desafio jurídico e social. Porém, podemos pensar:

> Uma restrição reiterada dos últimos anos entende que liberdade de expressão apenas é liberdade de expressão se exercida de forma responsável. Alguns escritores alegam que o ato de ofender não deve ser protegido por nenhum princípio da liberdade de expressão. Em outras palavras, quando alguém decide ofender um indivíduo ou um grupo (ou faz isso de forma negligente), ele não deve tentar se esconder atrás do escudo da liberdade de expressão. Ele deve ser educado e respeitar as sensibilidades das demais pessoas (Warburton, 2020, p. 46).

O segundo elemento é o *conteúdo* da mensagem. O discurso de ódio se caracteriza por expressões que desumanizam, rebaixam ou culpabilizam coletivos com base em características identitárias imutáveis ou socialmente marcantes, como raça, religião, gênero, deficiência ou nacionalidade. Esse conteúdo carrega estigmas, promove estereótipos e busca retirar a legitimidade da presença desses grupos na esfera pública.

O *contexto* é talvez o fator mais complexo e, ao mesmo tempo, decisivo para a identificação do discurso de ódio. A mesma frase pode ter significados distintos a depender do momento, do local, do público e do histórico social do grupo ao qual se dirige. Por exemplo, expressões que remetem a símbolos do nazismo, em certos contextos, podem configurar crime. Já em outros, podem ser usadas com o intuito de denunciar ou alertar.

Outro aspecto relevante é o histórico de vulnerabilidade ou opressão do grupo alvo. O discurso de ódio não é apenas uma questão de palavras ofensivas, mas também de relações de poder. Um ataque verbal a um grupo historicamente marginalizado, como os povos indígenas ou a população LGBTQIAPN+, tem impacto social muito mais profundo do que uma ofensa a um grupo hegemônico.

Ou seja, o discurso de ódio deve ser analisado não apenas pelo conteúdo das palavras utilizadas, mas pelo contexto histórico e social que envolve o grupo atingido. Grupos historicamente vulnerabilizados — como povos indígenas, pessoas negras[1], LGBTQIAPN+, mulheres ou pessoas com deficiência — carregam um legado de exclusão, violência e desigualdade estrutural que torna qualquer ataque simbólico ou verbal ainda mais danoso, pois reforça estigmas e perpetua relações de dominação.

Assim, ofensas contra esses grupos não ocorrem em um vácuo, mas dentro de sistemas de poder que já os colocam em desvantagem. Por isso, enquanto uma crítica a um grupo dominante pode configurar mera divergência, um discurso hostil contra grupos oprimidos frequentemente atua como perpetuação de violência e exclusão, exigindo atenção ética, jurídica e social diferenciada.

A repetição sistemática de ofensas também é um indicador importante. Discursos de ódio muitas vezes ocorrem em cadeia, como parte de uma campanha de deslegitimação e intimidação. É o caso do cyberbullying direcionado a ativistas, jornalistas ou minorias, em que o acúmulo de ataques produz efeitos devastadores.

As plataformas digitais tornaram ainda mais difícil separar ironia, sarcasmo e humor do ódio real. Piadas que reforçam estereótipos raciais ou sexistas são frequentemente defendidas como "liberdade criativa", mas seu impacto social pode ser idêntico ao de ofensas diretas. Assim, a análise do conteúdo deve sempre considerar seu potencial de dano.

---

1 Seguimos aqui a explicação do Estatuto da Igualdade Racial, de que o termo "negros" inclui o conjunto de pessoas pretas e pardas (G1, 2025).

Deste modo, identificar um discurso de ódio exige observar a intenção do emissor, o conteúdo expresso e o contexto em que ocorre. Nenhum desses elementos, isoladamente, é suficiente. A convergência dos três é o que justifica a intervenção jurídica ou social para prevenir danos e proteger a dignidade das vítimas. Esse tripé pode ajudar a evitar extremos, a silenciar opiniões e a praticar injustamente qualquer tipo de censura.

Impactos sociais e psicológicos do discurso de ódio em grupos vulneráveis

É preciso discutir algo sério. O discurso de ódio tem efeitos profundos e duradouros nas vítimas e nos grupos sociais a que pertencem. Em nível psicológico, ele pode gerar traumas, depressão, ansiedade, baixa autoestima e sentimentos de exclusão e desamparo. Para muitos, não se trata apenas de ouvir uma ofensa, mas de reviver uma história de opressão social que remonta à infância ou à ancestralidade. É mais do que a sociedade brasileira tem chamado de *mi-mi-mi*.

O princípio do dano, de Mill, não levava em conta, na época, os danos psicológicos. Warburton explica:

> Mill demarca o incitamento de dano a outra pessoa como o limite para a livre expressão; não o dano psicológico ou o econômico, mas o dano físico. Ele deixa explícito que, na maioria dos casos, devemos conceder ao discurso e à expressão de outras idéias uma tolerância muito maior do que a concedida às ações, mas isso também deve ter limites (Warburton, 2020, p. 36).

Contudo, tais fatores endógenos, internos, psicológicos, não podem ser negligenciados. Em termos sociais, por exemplo, e ligados à questão psicológica, o discurso de ódio cria ambientes de medo e silenciamento. Pessoas negras, indígenas, imigrantes, mulheres ou LGBTQIAPN+, por exemplo, frequentemente evitam certos espaços, ambientes, expressões públicas ou participações políticas por receio de represálias. O medo do julgamento, da violência ou do constrangimento é suficiente para afastá-las da vida cívica ativa.

> É assim que surgem figuras como hate speech, fake news, pós-verdade, entre muitos outros rótulos que buscam induzir à repressão popular justamente pelo medo. Aquele sentimento tão querido pelos sensacionalistas, quem diria, é a verdadeira arma para a integração social do mundo (Derosa, 2019, p. 81).

Esses efeitos não se limitam às vítimas diretas. O discurso de ódio tem um efeito pedagógico inverso: ensina à sociedade quem "não pertence", quem "deve ser silenciado" e quem "tem menos valor", atuando como um juiz social. Dessa forma, ele perpetua estruturas de exclusão e naturaliza práticas discriminatórias, até mesmo entre aqueles que não se consideram preconceituosos.

Em ambientes escolares, o impacto do discurso de ódio é devastador. Crianças e adolescentes vítimas de bullying racial, religioso ou de gênero apresentam maiores índices de evasão escolar, automutilação e até suicídio. Recentemente, um caso dessa natureza repercutiu numa grande universidade paulistana, conhecida por ser um espaço mais elitizado, em que uma jovem tirou a própria vida em decorrência de preconceitos de gênero e raciais. A escola, que deveria ser espaço de acolhimento e aprendizado, acaba se transformando em cenário de medo e rejeição.

O discurso de ódio também alimenta a violência. As estatísticas de crimes de ódio mostram correlação entre aumento de falas hostis nas redes e ações violentas no mundo real. Ataques a terreiros de candomblé, agressões a imigrantes, feminicídios e assassinatos de pessoas trans estão frequentemente ligados a discursos que naturalizam ou incitam a violência.

Além disso, a banalização do ódio verbal prejudica o tecido social como um todo. A confiança mútua, que é um dos pilares da vida democrática, é corroída quando setores da sociedade são constantemente atacados e deslegitimados. O resultado é a fragmentação social, o crescimento de extremismos e a dificuldade de diálogo.

Outrossim, os impactos econômicos e institucionais também devem ser considerados. Empresas, universidades e órgãos públicos que toleram o discurso de ódio enfrentam boicotes, perda de credibilidade e judicializações. Assim, combater o discurso de ódio não é apenas uma questão ética, mas também de sustentabilidade social e institucional. Vejamos mais alguns pontos legais a seguir.

Legislação internacional e nacional sobre discurso de ódio (ONU, Brasil, Europa).

No plano internacional, diversos instrumentos jurídicos tentam enfrentar o discurso de ódio, buscando equilibrar a liberdade de expressão com a proteção da dignidade humana. A Declaração Universal dos Direitos Humanos (1948), documento fundacional do direito internacional contemporâneo, consagra no artigo 19 o direito de "ter opiniões sem interferência" e de "buscar, receber e transmitir informações e ideias por quaisquer meios e independentemente de fronteiras", estabelecendo assim a liberdade de expressão como um pilar da convivência democrática.

Contudo, o mesmo documento também afirma no artigo 7 que "todos são iguais perante a lei e têm direito, sem qualquer distinção, à igual proteção da lei contra qualquer discriminação". Essa combinação é preponderante: se, por um lado, as pessoas têm o direito de expressar suas opiniões, por outro, não podem fazê-lo de maneira que incentive a discriminação, o preconceito ou a violência.

Outro exemplo é a Convenção Internacional sobre a Eliminação de Todas as Formas de Discriminação Racial, adotada em 1965 pela Organização das Nações Unidas (ONU). O artigo 4º do documento impõe aos Estados signatários a obrigação de criminalizar "todas as formas de propaganda e todas as organizações que se baseiem em ideias ou teorias de superioridade de uma raça ou de um grupo de pessoas de uma cor ou origem étnica", bem como de proibir qualquer incitação ao ódio racial.

Isso significa que os países que aderem à convenção devem adotar legislações específicas que não apenas desincentivem, mas penalizem penalmente manifestações públicas que promovam o racismo, inclusive por meios indiretos, como símbolos, slogans e discursos que naturalizam a exclusão.

Na prática, esse artigo serviu de base para diversas legislações nacionais. Na Alemanha, por exemplo, o uso de símbolos nazistas ou a glorificação do regime hitlerista é punido criminalmente, e campanhas de propaganda racista podem resultar em penas de prisão. Também a União Europeia estabeleceu diretrizes claras contra o discurso de ódio, especialmente em relação ao negacionismo do Holocausto e ao antissemitismo. Sobre isso, acrescentamos:

> Em 2022, a ONU adotou uma resolução com o objetivo de combater a negação do Holocausto e instar os Estados-membros e as empresas de mídia social a ajudarem a combater o antissemitismo. A resolução lista distorção ou negação do Holocausto como:
>
> - Esforços intencionais para desculpar ou minimizar o impacto do Holocausto ou seus principais elementos, incluindo colaboradores e aliados da Alemanha nazista
> - Minimização grosseira do número de vítimas do Holocausto em contradição com fontes confiáveis
> - Tentativas de culpar os judeus por causarem seu próprio genocídio
> - Declarações que apresentam o Holocausto como um evento histórico positivo
> - Tentativas de obscurecer a responsabilidade pelo estabelecimento de campos de concentração e morte concebidos e operados pela Alemanha nazista, colocando a culpa em outras nações ou grupos étnicos. (Cohen-Almagor, 2024, p. 198).

Na África do Sul, a Convenção influenciou a formulação de leis que combatem o discurso de ódio contra grupos étnicos e tribais historicamente marginalizados durante o apartheid.

Nos Estados Unidos, a Primeira Emenda da Constituição garante ampla liberdade de expressão, o que torna a criminalização do discurso de ódio mais restrita. Apenas manifestações que representam uma ameaça iminente ou incitam diretamente à violência podem ser punidas. Essa abordagem reflete uma concepção mais absolutista da liberdade.

Já no Brasil, embora a Convenção tenha sido ratificada, o país demorou a desenvolver mecanismos mais específicos contra a incitação ao ódio racial — o que só começou a mudar com mais ênfase a partir da Constituição de 1988 e da Lei nº 7.716/1989, que define os crimes resultantes de preconceito de raça ou de cor.

O Supremo Tribunal Federal (STF) tem ampliado o entendimento sobre discurso de ódio. Em decisões recentes, como a criminalização da homofobia e transfobia (2019), o STF equiparou essas práticas ao crime de racismo. Além disso, discursos neonazistas, de apologia ao estupro ou de incitação à violência política têm sido enquadrados como crimes.

Também vale a pena mencionar novamente que, a legislação brasileira ainda enfrenta desafios quanto à regulamentação das plataformas digitais. O Projeto de Lei das Fake News e o PL 2630/2020 têm gerado debates sobre como responsabilizar provedores por conteúdos de ódio. A lacuna regulatória atual favorece a impunidade e dificulta a retirada rápida de conteúdos perigosos.

Assim, embora existam normas internacionais e nacionais contra o discurso de ódio, a efetividade dessas leis depende da interpretação judicial, da ação do Estado e da pressão da sociedade civil. O equilíbrio entre proteção da dignidade humana e liberdade de expressão segue como um dos dilemas centrais do nosso tempo.

O desafio de punir sem censurar: jurisprudências e polêmicas

Punir o discurso de ódio sem comprometer a liberdade de expressão é um dos maiores desafios das democracias contemporâneas. A linha entre crítica legítima e incitação à violência é muitas vezes tênue e exige interpretação cuidadosa por parte do Judiciário. Uma decisão excessiva pode ser lida como censura; uma decisão omissa, como conivência com o ódio.

A jurisprudência brasileira tem buscado construir esse equilíbrio. No entanto, casos julgados pelo STF e STJ nem sempre revelam uma tendência de priorizar a dignidade humana como valor superior. Entretanto, essas decisões muitas vezes geram controvérsia na opinião pública, especialmente quando envolvem figuras públicas, humoristas ou religiosos.

Um exemplo emblemático é o julgamento da criminalização da homofobia. Para muitos, foi um avanço civilizatório. Para outros, uma ameaça à liberdade religiosa. O debate expôs o conflito entre direitos fundamentais e a necessidade de construir uma convivência que respeite tanto a fé quanto a integridade de minorias.

A jurisprudência internacional também ilustra esse dilema. Em 2018, o Tribunal Europeu de Direitos Humanos julgou como legítima a condenação de uma mulher que insultou o profeta Maomé, destacando que a liberdade de expressão deve ser usada com responsabilidade. A decisão foi criticada por setores liberais, mas elogiada por defensores da dignidade religiosa.

Outro ponto polêmico é o papel das plataformas digitais. As chamadas "Big Techs" têm adotado políticas próprias de moderação de conteúdo, mas muitas vezes enfrentam críticas tanto por serem lenientes quanto por supostamente promoverem censura ideológica. A ausência de uma regulação estatal clara agrava essa tensão.

> É o que efetivamente ocorre com grande parte das postagens nas redes sociais. As Big Techs estão moldando uma sociedade de extremistas e justiceiros, já que os maiores ganhos e a maior visibilidade são de quem grita mais e com mais raiva. Isso ficou demonstrado em julho de 2021, numa pesquisa conduzida por três dos principais nomes mundiais em psicologia neural, Jay Van Bavel, Steve Rathje e Sander van der Linden, num projeto conjunto das universidades de Cambridge e Nova York. A publicação final tem o título "Out-group animosity drives engagement on social media", ou "Animosidade entre grupos gera engajamento nas mídias sociais", numa tradução livre. São dois os fatores determinantes para que uma publicação tenha engajamento: ser emocional e falar do grupo oposto. Na medição geral, ficou verificado que publicações unindo as duas coisas, falando do grupo oposto de forma emocional, têm 67% mais chances de viralização do que qualquer outro tipo de publicação nas redes sociais. Há quem alegue que isso tem menos a ver com redes sociais e mais com a alma humana. É verdade.

> Só que são as redes que ganham dinheiro com isso e que potencializam ativamente esse efeito. A viralização não acontece porque as pessoas simplesmente se deparam com uma postagem. O negócio das redes é mostrar às pessoas postagens sob medida para elas passarem o máximo de tempo usando produtos da plataforma. Por isso as postagens que têm animosidade contra o grupo oposto são mais distribuídas que as outras (Lackso, 2023, p. 74).

Há também o risco de instrumentalização política do discurso de ódio. Governos autoritários muitas vezes se utilizam da retórica de combate ao ódio para silenciar opositores. Isso gera desconfiança sobre legislações punitivas, que podem ser usadas contra quem denuncia injustiças, racismo institucional ou violências de Estado.

A punição do discurso de ódio precisa ser feita com critérios claros, baseados em princípios constitucionais e em respeito aos direitos humanos. A justiça não pode ser cega à dor das vítimas, nem insensível ao valor da liberdade. O caminho está em construir parâmetros jurídicos firmes e práticas sociais que promovam o respeito mútuo.

LIBERDADE DE EXPRESSÃO

A FRONTEIRA ENTRE **OPINIÃO** E **DISCURSO DE ÓDIO**

PARTE II
OPINIÃO X DISCURSO DE ÓDIO

LIBERDADE DE EXPRESSÃO

A FRONTEIRA ENTRE **OPINIÃO** E **DISCURSO DE ÓDIO**

OPINIÃO OU OFENSA?

Como distinguir entre opinião pessoal, crítica legítima e ofensas disfarçadas

PARA UMA COMPREENSÃO CLARA DOS LIMITES DA LIBERDADE DE EXpressão, é fundamental distinguir entre opinião pessoal, crítica construtiva e ofensa velada. Atualmente, muitos discursos que se apresentam como meras opiniões frequentemente cruzam a linha do aceitável, transformando-se em manifestações de hostilidade. Essa confusão contribui para polarizações que minam o diálogo. Este capítulo propõe-se a desmistificar esse terreno nebuloso, apresentando critérios conceituais e práticos para uma delimitação mais clara.

Opiniões pessoais são percepções individuais (frequentemente baseadas em valores, experiências ou interesses) e não têm o propósito de ferir ou deslegitimar identidades. Crítica legítima, por sua vez, visa questionar ideias, estruturas ou comportamentos por meio de argumentos fundamentados. Já ofensas disfarçadas, ainda que revestidas de opinião ou humor, carregam intenções hostis e buscam inferiorizar, excluir ou humilhar o outro.

A relevância desse tema aumenta em sociedades digitais, nas quais o alcance das falas se expande, e muitas vezes sem filtros. O impacto de uma piada ou comentário feito em tom informal pode ultrapassar esferas pessoais e adentrar a esfera pública com consequências amplificadas. Saber distinguir essas categorias é estratégico para preservar a responsabilidade sem tolher a pluralidade.

Além disso, essa distinção é fundamental em contextos jurídicos. Tribunais frequentemente enfrentam dificuldades para enquadrar falas ofensivas dentro dos limites da calúnia, difamação ou injúria, sobretudo quando vestidas de "opinião". O excesso de subjetividade pode levar a erros judiciais ou decisões indevidas, abrindo caminho para censura ou impunidade.

Este capítulo organiza uma reflexão sólida e crítica sobre essas fronteiras. Será possível perceber que nem toda fala que causa desconforto é ofensiva, nem toda crítica que questiona é agressiva. A opinião tem valor democrático; a agressão, deve ser rechaçada. O diálogo público precisa dessa distinção para se manter saudável.

Ainda pretendemos oferecer ferramentas práticas para leitores, jornalistas, acadêmicos, formadores de opinião e cidadãos comuns. A ideia é construir critérios de análise que ajudem na interpretação consciente da fala — seja nossa própria ou de terceiros —, evitando a naturalização de discursos hostis e promovendo um debate mais ético e equilibrado.

O que diferencia uma opinião legítima de uma manifestação ofensiva

Opiniões legítimas apresentam um propósito racional: expor um ponto de vista, questionar premissas ou oferecer perspectivas alternativas. Elas são argumentadas, embasadas e abertas a interlocução. Mesmo quando provocam incômodo, não há intenção de inferiorizar ou desqualificar o outro como ser humano. O intuito é apenas de discutir ideias.

Já manifestações ofensivas muitas vezes recorrem à *ad hominem*, estereótipos, generalizações e ataques à identidade. Não se trata de debater ideias, mas de desqualificar quem as apresenta. A ofensa vira substantivo e não argumento. A ironia ou o sarcasmo servem de véu para expressões discriminatórias ou humilhantes.

Outra diferença relevante é a reversibilidade. Uma opinião pessoal admite retratação, revisão e ajuste. É vulnerável. Por outro lado, ofensas são frequentemente enunciadas com segurança e desprezo, como se o alvo já estivesse condenado moralmente. A crítica construtiva leva ao diálogo; a ofensa fecha portas. A crítica destrutiva, como o próprio nome sugere, pretende tão somente ganhar um debate e aniquilar o "oponente".

Também há diferença quanto à abertura interpretativa. Opiniões permitem múltiplas leituras e são suscetíveis a contestação, chamando para o diálogo, para a colocação de ideias que assumem o contraditório, que concordam em discordar, desde que pacificamente. Uma fala ofensiva, por sua vez, geralmente busca cercear o debate, reduzindo o outro a um objeto de ataque. A intenção é calar, não persuadir.

No ambiente digital, a linha se confunde ainda mais, pois opiniões mal articuladas podem ser interpretadas como agressão, especialmente aquelas escritas, pois não passam emoção e podem ser lidas como se fossem secas e duras. Ademais, frases enviesadas podem parecer críticas sem que necessariamente construtivas. Distinguir, portanto, requer atenção tanto ao teor quanto à forma e ao propósito da fala.

Opiniões são extremamente importantes no contexto democrático. Como explica, Costa:

> Para aprimorar a democracia é preciso assegurar a livre circulação de ideias, opiniões diversas e antagônicas sobre qualquer assunto. A liberdade de expressão não se mantém sem opiniões públicas livres, além de ser uma forma de fiscalização do exercício do poder estatal. "É imperioso que o indivíduo possa desfrutar da possibilidade de criticar, alertar, fiscalizar e controlar o próprio exercício dos mandatos eletivos. O poder de autodeterminação do indivíduo é adequado e útil para o regime democrático" (Costa, 2021, p. 152).

Enquanto opiniões aceitam diversidade e são parte da esfera pública plural, ofensas disfarçadas de dialogia, de conversa, fazem o oposto: elas deturpam, ferem e deslegitimam grupos — especialmente vulneráveis — e corroem os alicerces do diálogo democrático. A liberdade de expressão protege a crítica, não o desprezo.

Critérios objetivos e subjetivos para avaliar a intencionalidade do discurso

Será que é possível captar a intencionalidade de um discurso? Se não temos condições de sondar o que se passa no interior de um sujeito, como teríamos tal possibilidade? No entanto, tratamos dessa especificidade em duas instâncias, de modo que a avaliação da intencionalidade do discurso deve considerar critérios tanto objetivos quanto subjetivos.

> A questão da responsabilização civil dos provedores de serviços de internet até a entrada em vigor do Marco Civil da internet gerava muitas controvérsias judiciais a respeito

> da relação do conteúdo gerado por terceiros nesse tipo de provedor, se ele seria responsável pelo conteúdo, se a responsabilidade seria objetiva ou subjetiva, como seria a forma de reparação de possíveis danos, etc. (Faustino, 2019, p. 70).

Do lado objetivo, observam-se o conteúdo explícito, o tipo de linguagem, a veiculação pública e o grau de agressividade. Frases com termos depreciativos, pejorativos ou estereotipados sinalizam intenções hostis. Ou seja, aquilo que conseguimos, de fato, identificar na exterioridade.

Já o critério subjetivo exige investigar o contexto do emissor. Não temos como sondar o interior das pessoas. Porém, algumas perguntas podem nos ajudar nessa subjetividade: Qual o histórico de comportamentos? Existe uma ligação com grupos ou ideologias extremistas? Há um padrão de repetição de discursos agressivos? Esse levantamento ajuda a entender se a fala é isolada ou parte de uma estratégia sistemática de deslegitimação.

O contexto relacional é essencial. Uma piada entre amigos não tem o mesmo efeito quando amplificada em rede aberta. Quem veicula a fala, devido ao grau de influência, alcance, responsabilidade pública, inequivocamente pode interferir na intencionalidade percebida. A mesma frase tem impactos distintos conforme o emissor e a audiência.

Outro critério subjetivo é a percepção do alvo. Uma expressão que causa dano emocional a um grupo vulnerável pode indicar violação, mesmo sem intenção explícita de ofender. A intencionalidade nem sempre é consciente, e os efeitos podem revelar discursos que circulam com naturalidade em espaços privilegiados.

A intencionalidade também pode ser inferida por meio do conteúdo extra-textual, i.e., aquilo que encontramos além de publicações em redes sociais, blogs e outras plataformas. Como exemplo, podemos mencionar comentários repetidos por grupos com ideologias violentas ou discursos conspiratórios. A adesão a narrativas preconceituosas é sinal de que a fala não se limita à "opinião". Ela faz parte de uma agenda hostil.

Ademais, é preciso combinar os critérios mencionados anteriormente. Reconhecemos que nenhum critério isolado é suficiente. A intencionalidade verdadeira emerge da interseção entre o que se diz, como, onde, por quem e para quem. Observar essa confluência evita equívocos interpretativos e contribui a distinções justas.

Humor, ironia e sarcasmo: zonas cinzentas entre liberdade e agressão

O humor, a ironia e o sarcasmo são ferramentas poderosas de expressão, capazes de revelar contradições, questionar normas e provocar reflexão. No entanto, essas formas linguísticas também podem funcionar como disfarces para discursos hostis. Memes, charges e bordões irônicos podem conter mensagens ofensivas que se espalham sob a máscara do riso. É controverso:

> O humor não serve apenas para fazer rir. Muitas vezes, ele é construído a partir de uma visão crítica do mundo e do comportamento humano. Além de ser marcado pela descontração, o humor vale-se por vezes do exagero, do óbvio ou do absurdo para provocar o riso ou, ao menos, um sorriso. Justamente por isso, charges, paródias e piadas não podem ser interpretadas literalmente ou consideradas como verdades absolutas. Elas devem gozar de um espaço maior de liberdade para que o indivíduo possa se expressar com maior espontaneidade e, até mesmo, acidez (Teffé, 2021, p. 167-168).

Mas, será que o humor estaria isento de ofender? A ironia pode permitir ao emissor negar responsabilidade, alegando que a intenção original era humorística, usando esse elemento como fachada para propagar o discurso de ódio. E salientamos que isso não invalida o impacto! Uma piada baseada em estereótipo racial ou de gênero, embora revestida de humor, pode reforçar preconceitos e contribuir para a exclusão simbólica. Nesse sentido, Teffé ainda acrescenta:

> No caso concreto, deve o intérprete ponderar os direitos em conflito e, de forma fundamentada, determinar qual grupo de interesses deverá prevalecer. A liberdade de expressão é um princípio fundamental da democracia, mas precisa estar

> harmonizada com outros princípios da mesma grandeza. Não se pode, evidentemente, limitar de forma indevida a liberdade de expressão e a liberdade de fazer humor, sob pena de se silenciar e inibir discursos relevantes (*chilling effect*), como críticas sociais e políticas, mas também não se pode admitir a expressão de discursos que incentivem o ódio e a discriminação de minorias. Há limites para o humor? A resposta para essa questão parece depender tanto das concepções subjetivas do intérprete sobre o que é ou não ofensivo ou de mau gosto quanto do valor que ele atribui para a liberdade de expressão (Teffé, 2021, p. 169-170).

Se analisarmos programas televisivos antigos, percebemos que muitas piadas que hoje seriam reprovadas socialmente eram, à época, amplamente aceitas e até celebradas. Um exemplo emblemático é o programa "Os Trapalhões", exibido por décadas na televisão brasileira e considerado um marco do humor nacional. Apesar de seu sucesso, o programa reproduzia com frequência estereótipos racistas, machistas e homofóbicos.

O personagem Mussum, por exemplo, era alvo constante de piadas que reforçavam preconceitos raciais, com ênfase em seu modo de falar, aparência e origem. Naquele contexto, tais piadas eram vistas como "naturais" ou "brincadeiras inofensivas", ignorando o impacto simbólico que exerciam sobre milhões de espectadores negros que se viam retratados de forma caricatural e inferiorizada. Calvalcante e Xavier (2023, p. 1-12) problematizam esse caso a partir da premissa do racismo recreativo. Podemos ver muitas outras reflexões sob esse prisma, que até criticam a minimização do reconhecimento dele enquanto o grandioso multiartista que foi (Salum, 2023; Rodrigues, 2023).

Infelizmente, mesmo com avanços sociais e maior consciência crítica, alguns programas atuais ainda perpetuam dinâmicas opressivas, em especial contra as mulheres. Existem exemplos recorrentes em programas humorísticos, que seguem explorando a imagem feminina com foco no corpo, na sexualização e na objetificação.

Personagens femininas são frequentemente tratadas como alvos de desejo, reduzidas a seus atributos físicos, e postas em situações que reforçam a ideia de que a mulher existe para entreter o olhar masculino. Esse tipo de humor, embora menos explícito que no passado, continua legitimando papéis sociais ultrapassados e alimentando uma cultura que desumaniza as mulheres. O riso, nesse caso, é usado como escudo para perpetuar discursos que deveriam ser problematizados e superados, e não transmitidos em rede nacional como entretenimento.

Também mencionamos que, em contextos culturais específicos, algumas piadas podem ser interpretadas como provocativas, satíricas ou subversivas; em outros, como ataques ofensivos (piadas com relação à religião muçulmana, por exemplo). A linguagem visual ou textual que imita o discurso de ódio, mesmo que para ironizar, pode acabar normalizando os conteúdos que critica.

Além disso, a recepção do humor não é universal. Grupos historicamente marginalizados possuem sensibilidades específicas. Um comentário que provoca riso em uma parcela da sociedade pode causar trauma em outra. A convicção de que "foi só uma piada" não protege quem já carrega feridas sociais. Nesse caso, a subjetividade vai para outro lado, de modo que podemos perguntar com relação a uma piada: "ela foi engraçada para quem?".

Será que piadas machistas divertem um grupo de mulheres numa empresa ou numa sala de aula? Ou será que as deixa constrangidas? Será que piadas racistas deixariam pessoas negras à vontade ou as deixaria desconfortáveis? Piadas religiosas? A empatia, nesse caso é preponderante.

Portanto, embora o humor tenha seu lugar na crítica política e cultural, ele exige cuidado. A ambiguidade intencional — típica do sarcasmo — torna problemático diferenciar entre liberação criativa e violência simbólica. A distinção entre ironia e ataque nem sempre é clara. Mais bom senso e empatia poderão ajudar.

Nesse sentido, o humor deve ser avaliado por seu efeito, não apenas pela intenção narrada. Uma piada que produz exclusão ou humilhação cumpre funções que se aproximam do discurso ofensivo. O direito ao humor não pode se sobrepor ao direito à dignidade.

A importância do contexto histórico e cultural na interpretação da fala

A interpretação de uma fala só pode ser feita com base no contexto histórico e cultural em que ela é proferida. Isso mostra que ela não é isenta e nem feita no vácuo. Palavras, símbolos e expressões carregam significados que variam conforme a época e a geografia. Uma frase que parece neutra em um contexto pode ser profundamente agressiva em outra, se vinculada a traumas sociais ou identitários.

Expressões que evocam símbolos de opressão, tais como bandeiras racistas, slogans totalitários ou palavras historicamente violentas, funcionam como gatilhos. O mesmo símbolo pode ser utilizado para denunciar ou para reafirmar narrativas opressoras. O contexto define se reproduzimos a violência ou a estamos combatendo.

Diferenças culturais também importam. Uma mensagem consumida em rede global pode ser mal interpretada em um país que passou por genocídio, colonização recente ou conflitos étnico-religiosos. O emissor precisa considerar essas especificidades ao expressar ideias, e o receptor precisa reconhecer que o impacto social depende dessa bagagem.

E ainda temos os desafios dos ruídos na comunicação. No que tange à amplitude intercultural, eles agravam ainda mais o desafio de lidar com o discurso de ódio em uma era hiperconectada. Esses ruídos revelam que não basta alegar "liberdade de expressão", é necessário compreender os códigos culturais que moldam a recepção e os efeitos sociais das palavras.

O contexto histórico pode transformar expressões aparentemente banais em atos ofensivos. Por exemplo, referências simbólicas à ditadura ou a campos de concentração têm conotação distinta quando usadas por descendentes ou familiares — ou por negacionistas. É inequívoco que memória coletiva influencia a interpretação.

Além disso, ressaltamos que o contexto cultural define os limites do que é humorístico, simbólico ou intolerável. Piadas que exploram traumas coletivos, ainda que travestidas de ironia, podem ser vistas como violência simbólica. A cultura do cancelamento reflete essa sensibilidade crescente, tornando a interpretação de falas mais exigente. Teffé mostra que isso é complexo, mas necessário:

> Em certos momentos, todavia, parece necessário colocar alguns limites ao discurso humorístico, que deverão vir da própria Constituição Federal, especialmente de seus artigos 3º e 5º. Nesse sentido, será possível limitar o humor quando, por exemplo, ele incentivar preconceitos relacionados à origem, raça, sexo, cor ou idade de uma pessoa; for ofensivo a uma determinada religião ou crença; violar de forma injustificada e desproporcional a intimidade, a vida privada, a honra ou a imagem de uma pessoa; ou incentivar discriminações ou discursos racistas (Teffé, 2021, p. 170).

Como podemos evitar mal-entendidos e eventuais cancelamentos? De certo modo, a compreensão do contexto é um caminho, pois ele exige uma escuta ativa e sensível. O receptor não deve ser considerado "hipersensível" ao criticar discursos que evocam memórias dolorosas. Da mesma forma, o emissor não pode ignorar a relação entre memória, poder e linguagem ao tomar a palavra publicamente. E, sobretudo, bom senso e empatia precisam entrar nessa rodada de cuidado. Mas, continuamos nossa discussão a seguir.

Exemplos práticos: onde termina a crítica e começa a intolerância?

Imagine uma crítica contundente ao capitalismo que usa termos como "exploradores", "parasitas sociais" e "ruína moral": dependendo do alvo, isso configura discurso legítimo. Mas se a mesma linguagem for dirigida a um grupo racial ou religioso, passa a ser intolerância. Perceba que o alvo e a motivação mudam o sentido. Sobre esse ponto, Faustino aborda:

> O grande problema é identificar o discurso de ódio, pois a incitação ao ódio, ou a discriminação podem ocorrer de forma implícita, por meio de mensagens subliminares. É uma agressão velada que dificulta o combate, mas nem por isso deixa de ferir o direito das vítimas a que se destinam. O desafio estatal e para a sociedade é permitir a liberdade de expressão sem gerar um estado de intolerância (...). O grande desafio que se apresenta ao Estado e para a própria

> sociedade é permitir a liberdade de expressão sem que isso possa gerar um estado de intolerância, ou acarrete prejuízos irreparáveis para a dignidade da pessoa humana e também para igualdade. É necessário favorecer a tolerância, que é uma consequência direta da liberdade e, portanto, exclui, a aplicação da força e da irracionalidade como critérios, bem como se deve incentivar o pluralismo (Faustino, 2019, p. 64).

Outro exemplo que expande nossa reflexão é o debate sobre cotas raciais. Um argumento que questiona os critérios de seleção, usando dados estatísticos e históricos, está no campo da opinião ou crítica. Já se esse argumento assume que beneficiários das cotas são "menos capazes", "preguiçosos" ou "aproveitadores", ele abandona a crítica para reforçar estereótipos. Não leva em conta o prejuízo histórico que pessoas negras carregam em séculos e pode soar altamente insensível com os sofrimentos peculiares desses grupos.

No meio artístico, às vezes, humoristas fazem piadas corrosivas sobre minorias. Uma piada sobre questões religiosas pode ser interpretada como sátira social ou, caso reforce preconceitos, como discurso ofensivo. A linha se torna tênue quando a brincadeira recai sobre identidades históricas de opressão.

É interessante, por exemplo, como fazer piadas com religiões de matriz africanas pode soar como intolerância religiosa, mas o estereótipo popular de pastores evangélicos é normalizado, como se todas as igrejas praticassem exatamente o que é apresentado nessas comédias. Será que todas as igrejas evangélicas são pedintes contumazes de dinheiro? Será que os pastores só desviam ou "furtam" dinheiro dos fiéis? Será que os fiéis evangélicos são todos alienados? Não seria isso também uma forma de intolerância?

No campo público, podemos nos deparar com problemas de linguagem também. Autoridades que criticam políticas de imigração podem recorrer a palavras como "invasão", "legião de bandidos" ou "ameaça cultural", como temos visto corriqueiramente nos jornais e na TV. Mesmo que disfarçadas de preocupação com segurança, essas expressões alimentam medo e exclusão, sendo classificadas como discurso de ódio.

No convívio cotidiano, perguntas como "você realmente acha que ela merece esse emprego por ser mulher?" podem parecer inócuas, mas traduzem uma visão intolerante e deslegitimadora. Ou, quando alguém declara, no trânsito, que alguém que cometeu algum deslize só pode ser mulher... Aqui a crítica — suposta crítica — desrespeita totalmente a justiça e desumaniza a outra pessoa.

Esses exemplos mostram que a diferença entre crítica e intolerância não está na presença de algo que incomoda, mas na forma como o outro é percebido e representado. Como será que temos enxergado e percebido os outros ao nosso redor? Quanto preconceito carregamos em nossa visão de mundo? O discurso de neutralidade, como alguns defendem, não existe, como se pode perceber. A crítica construtiva questiona; a intolerância apaga e diminui. Reconhecer essa diferença é passo decisivo para um debate público mais justo.

LIBERDADE DE EXPRESSÃO

A FRONTEIRA ENTRE **OPINIÃO** E **DISCURSO DE ÓDIO**

A LINHA TÊNUE ENTRE LIBERDADE E RESPONSABILIDADE.

O papel do indivíduo, da mídia e das instituições no equilíbrio entre liberdade de expressão e respeito ao outro

COMO TEMOS ENFATIZADO, A LIBERDADE DE EXPRESSÃO É UM DIREITO fundamental, mas não absoluto. Seu exercício exige equilíbrio com outros direitos igualmente importantes, como a dignidade, a honra e a igualdade. Este capítulo propõe uma reflexão sobre os limites éticos, sociais e jurídicos da liberdade de expressão, analisando o papel que diferentes agentes (indivíduos, mídia, plataformas digitais e instituições) desempenham nesse cenário.

Em um tempo marcado por polarizações e discursos extremados, compreender como cada um pode contribuir para uma convivência democrática torna-se imperativo. Mas não se trata de impor censura, e sim de assumir responsabilidades diante das palavras proferidas ou difundidas.

A tensão entre liberdade e responsabilidade não é nova, mas se tornou mais visível com o alcance das redes sociais e o enfraquecimento das mediações tradicionais. Com qualquer pessoa podendo publicar conteúdos para milhares de leitores, o impacto da fala ganhou novas dimensões. Por isso, mais do que nunca, torna-se necessário repensar as fronteiras entre a liberdade de dizer e o dever de considerar os efeitos daquilo que se diz.

A comunicação deixou de ser apenas uma questão individual e passou a ser também uma questão de cidadania. Por isso, examinaremos alguns aspectos fundamentais: o papel do indivíduo, da mídia, das plataformas digitais e das instituições, além do conceito de liberdade com consequências.

A abordagem será ética, mas também pedagógica, na medida em que busca promover a educação para o uso consciente da palavra. A liberdade de expressão não pode ser separada da responsabilidade: é a responsabilidade que legitima e fortalece a liberdade em sociedades democráticas. Sem ela, a liberdade degenera em abuso e exclusão.

O papel do indivíduo: ética pessoal e consciência social ao se expressar

Cada pessoa exerce diariamente o poder da linguagem, seja nas conversas privadas, nas redes sociais ou em espaços públicos. Esse poder traz consigo uma responsabilidade ética: pensar antes de falar, considerar os efeitos do discurso sobre o outro, e ponderar o contexto em que se insere. A ética pessoal, nesse sentido, é o primeiro filtro que separa a liberdade legítima do uso irresponsável da palavra.

Como já mencionamos, o discurso não é neutro: ele molda e é moldado por percepções, alimenta crenças e pode gerar consequências concretas. Quando alguém compartilha uma teoria conspiratória, uma ofensa racial ou uma desinformação, está interferindo na vida social de maneira relevante. Por isso, o compromisso ético do indivíduo é fundamental na manutenção de um ambiente comunicacional saudável.

Além da ética individual, é necessário cultivar uma consciência social. Isso significa perceber que estamos inseridos em uma comunidade e que nossas falas podem contribuir para o respeito mútuo ou para o conflito. Uma sociedade democrática exige cidadãos que saibam exercer sua liberdade com empatia e senso de justiça, reconhecendo a diversidade como valor. Butler explica que essa conscientização social

> produz a própria noção do social, a noção do Outro como alguém que regula, observa e julga, um cenário imaginário que se transforma no que chamamos de “consciência” e que prepara o sujeito para assumir esse sentimento social que sustenta a cidadania (Butler, 2021, p. 141).

A educação para a expressão responsável deve começar cedo, nas escolas, e se estender ao longo da vida. Ensinar as crianças a nomear suas emoções, ouvir o outro e discordar com respeito são passos fundamentais para formar cidadãos conscientes de seu papel na vida pública.

O indivíduo também precisa desenvolver habilidades de escuta ativa, diálogo e autorregulação. Num tempo em que os debates são muitas vezes passionais e polarizados, saber ouvir o contraditório e argumentar com respeito é sinal de maturidade democrática. Essa postura não se aprende por decreto, mas pela convivência e pelo exemplo.

O papel do indivíduo não se limita ao cuidado com o que diz, mas também com o que compartilha. Reproduzir conteúdos ofensivos ou falsos, ainda que com intenção humorística ou crítica, pode reforçar preconceitos e desinformação. O cidadão ético pensa não apenas no que quer dizer, mas no impacto do que diz e compartilha. Nesse sentido, qual seria o papel das mídias? Veremos na seção a seguir.

O papel da mídia tradicional e digital na mediação dos discursos públicos

A mídia sempre desempenhou um papel central na formação da opinião pública. Ao selecionar os temas em pauta, dar voz a determinados atores e enquadrar os acontecimentos, ela exerce influência sobre como as pessoas percebem o mundo. Com esse poder vem a responsabilidade de agir com ética, equilíbrio e compromisso com a verdade.

Quem nunca se sentiu nervoso ao assistir alguma notícia no telejornal? Ou quem nunca teve dúvidas se uma notícia era verdadeira quando repórteres de diferentes canais de TV trouxeram o mesmo fato sob narrativas diferentes? Com a era da internet, essa situação toda ficou ainda mais complicada, pois recebemos uma avalanche de notícias duvidosas em centenas ou milhares de sites de notícias e até de fofocas.

No contexto contemporâneo, a distinção entre mídia tradicional e mídia digital tornou-se porosa. Muitos veículos tradicionais migraram para o ambiente online, enquanto novos agentes – como influenciadores, youtubers e blogueiros – passaram a ocupar espaços de grande visibilidade. Isso ampliou o acesso à informação, mas também criou um ecossistema mais caótico, onde nem sempre é fácil distinguir fatos de opiniões.

A mídia tem o dever de informar com precisão, mas também de promover o pluralismo de ideias. Quando dá espaço apenas a vozes hegemônicas ou reforça estereótipos, contribui para a exclusão de grupos minoritários. Por outro lado, quando cumpre seu papel de forma responsável, contribui para o fortalecimento da democracia e para o combate ao discurso de ódio.

Os meios de comunicação precisam adotar critérios éticos claros em suas práticas jornalísticas, evitando sensacionalismo, desinformação e ataques gratuitos. O jornalismo de qualidade exige apuração rigorosa, contextualização e responsabilidade editorial. Isso não significa neutralidade absoluta, mas compromisso com valores democráticos e com os direitos fundamentais. Derosa comenta:

> Há dois tipos básicos de jornalismo que podem revelar duas formas de fazer notícia ainda em nossos dias: a imprensa marrom (ou sensacionalista), que manifesta o interesse comercial pela venda a qualquer custo, pessoa a pessoa; e o jornalismo integrador: basicamente aquele que achou um patrão mais rico e, detentor do monopólio das ideias, optou pela venda por assinatura. Enquanto o primeiro manipula as sensações do público, o segundo obedece a ordens de cima. O sensacionalismo explora os fatos para vender jornais, enquanto a vertente integradora, ou o jornalismo responsável, vende jornais pela construção da credibilidade. Na verdade, explora os fatos para disseminar ideias que considera necessárias para a sociedade na missão de integrar e civilizar. Para isso, o jornalismo integrador profissional precisa de uma imagem cada vez mais ligada à credibilidade social (Derosa, 2019, p. 73).

Além disso, a mídia pode ser uma aliada na educação para a cidadania. Reportagens que explicam os limites da liberdade de expressão, que desconstroem *fake news* ou que valorizam a diversidade ajudam a formar uma audiência mais crítica e consciente. A imprensa tem o poder de educar, além de informar.

Também é papel da mídia exercer autocrítica e corrigir erros. O reconhecimento de equívocos, a retificação de informações falsas e a disposição para ouvir críticas da sociedade são sinais de maturidade institucional. A confiança do público depende dessa postura de transparência e responsabilidade. Mas, será que dá pra confiar nas mídias? Claro que é uma pergunta retórica.

Em contrapartida, numa perspectiva idealista, podemos dizer que a mídia não deve ser vista apenas como transmissora de informações, mas como agente ativo na construção do espaço público. Sua atuação ética contribui para o diálogo, a inclusão e o respeito mútuo, que são pilares essenciais para qualquer sociedade democrática. Em certo sentido, podemos cobrar isso dos veículos de informação e denunciar as *fake news* que circulam por aí.

O dever das plataformas digitais na moderação de conteúdos

As plataformas digitais, como redes sociais, sites de compartilhamento de vídeos, fóruns e aplicativos de mensagens, tornaram-se os principais palcos da liberdade de expressão no século XXI. No entanto, com essa centralidade, vem também uma grande responsabilidade: garantir que seus espaços não se tornem ambientes hostis, discriminatórios ou promotores de violência. A moderação de conteúdo é, portanto, um dever ético e operacional dessas empresas, mesmo diante das complexidades envolvidas.

Embora as plataformas frequentemente se apresentem como espaços neutros, elas operam algoritmos que determinam quais conteúdos ganham visibilidade. Esses algoritmos, muitas vezes, priorizam engajamento — e isso, na maioria das vezes, significa favorecer conteúdos polêmicos, sensacionalistas ou radicais. Assim, as escolhas técnicas se tornam também escolhas políticas, impactando diretamente o ambiente discursivo e o bem-estar dos usuários.

A moderação de conteúdo não significa censura prévia, mas sim a aplicação de diretrizes claras, públicas e consistentes para limitar discursos que ferem direitos fundamentais. É legítimo e necessário que plataformas removam postagens que contenham discurso de ódio, incitação à violência, racismo, misoginia, homofobia e negação de eventos históricos como o Holocausto.

> Nesse contexto, o Direito é quase sempre visto com aversão, porque constitui, em larga medida, a palavra do Estado e, em última análise, do Estado-juiz, que representa, no plano simbólico, uma ameaça ao "território livre" da internet. Nesse contexto, uma decisão judicial que se aventure, por exemplo, a interferir na publicação de conteúdo no campo das redes sociais, dos motores de busca ou dos aplicativos de mensagens é quase sempre taxada como "censura" ou, no mínimo, (des)qualificada como uma intervenção imprópria em um universo que seria, por definição, governado pela liberdade absoluta. Essa visão é, a meu ver, falaciosa. As violações a direitos e os conflitos entre indivíduos podem se estabelecer em qualquer campo da atuação humana e, na internet, como em qualquer outro contexto, impedir a intervenção do Direito em absoluto acaba significando, quase sempre, deixar que esses conflitos se resolvam pela força – não necessariamente a força física, mas a força daqueles que detêm, por razões culturais, sociais ou econômicas, o poder de ditar regras. Imaginar que a internet é um "mundo sem regras" talvez signifique, nesse sentido, um pensamento excessivamente ingênuo (Schreiber, 2021, p. 15).

Ao contrário de uma noção de censura, trata-se de proteger a integridade dos usuários e a convivência democrática, como já assinalamos noutro momento. É importante acrescentar nesse item, que pessoas que promovem tais práticas precisam ser punidas. Não podemos continuar enxergando a internet como uma espécie de terra de ninguém.

Exemplos concretos dessa atuação podem ser vistos na exclusão de perfis que propagam ideologias supremacistas, na limitação da circulação de *fake news* durante processos eleitorais ou pandemias, e na sinalização de postagens potencialmente enganosas com verificações independentes. Essas medidas, embora criticadas por setores que alegam "censura", têm respaldo em legislações internacionais e em pactos de direitos humanos, como a Convenção Internacional sobre a Eliminação de Todas as Formas de Discriminação Racial (1965), que exige dos Estados a criminalização da incitação ao ódio racial.

No entanto, o poder concentrado nas mãos dessas plataformas levanta preocupações legítimas. Quem decide o que pode ou não ser dito? Com que critérios? Há transparência e possibilidade de recurso? Esses são questionamentos muito importantes! A governança digital precisa ser aprimorada, com a participação de usuários, especialistas, governos e entidades da sociedade civil, para que os mecanismos de moderação sejam justos, auditáveis e equilibrados.

Além disso, as plataformas devem investir em educação midiática e em ferramentas que empoderem os usuários a identificar e denunciar conteúdos abusivos. A moderação não deve ser apenas reativa, mas também preventiva, construindo uma cultura digital baseada no respeito e na empatia. Isso inclui a valorização de conteúdos educativos, pluralistas e construtivos, que favoreçam o diálogo e a cidadania.

Políticas públicas precisam ser desenvolvidas em escolas, faculdades e em instituições educacionais a fim de orientar melhor as pessoas contra toda forma de discriminação. Conscientização é um caminho melhor, a fim de evitar a punição como um fim em si mesma.

Em última instância, o dever das plataformas não é suprimir opiniões divergentes, mas impedir que a liberdade de uns seja usada para anular a dignidade de outros. A moderação ética de conteúdos pode ser uma das chaves para a construção de um espaço público digital em que a liberdade de expressão e os direitos humanos possam coexistir de forma saudável e produtiva. Mas, há muita controvérsia e regulação para isso.

A responsabilidade institucional em proteger direitos sem suprimir vozes

As instituições — sejam elas estatais, jurídicas, educacionais ou culturais — desempenham um papel decisivo na mediação entre liberdade de expressão e proteção de direitos fundamentais. Essas entidades têm a missão de garantir que o espaço público seja inclusivo, plural e respeitoso, atuando para prevenir abusos sem, no entanto, se tornarem agentes de censura ou repressão. Essa é uma das maiores complexidades enfrentadas pelas democracias modernas.

O Estado, por meio de seus três poderes, é responsável por garantir os direitos constitucionais de todos os cidadãos. A liberdade de expressão é um desses direitos, mas não é absoluto, como já salientamos. O Poder Judiciário, por exemplo, deve atuar com imparcialidade e base legal ao julgar casos que envolvam ofensas, incitação ao ódio ou *fake news*. Sua missão não é calar opiniões, mas ponderar o direito à livre manifestação com o direito à dignidade, à honra e à não-discriminação. Um caso interessante de ser analisado é descrito a seguir:

> Seja por falta de incentivo, por impossibilidade técnica ou por receio de violar direitos, o fato é que as proprietárias de redes sociais e ambientes virtuais acabam, muitas vezes, mantendo-se inertes em relação a reclamações quanto à veiculação de conteúdo ofensivo aos direitos fundamentais, por mais gritantes que se afigurem. O Superior Tribunal de Justiça analisou, por exemplo, o caso de uma psicóloga, empregada em uma grande companhia, que teve seu nome inserido, à sua revelia, em um site de encontros românticos, com a criação de um perfil falso. Ao lado do seu nome completo e do seu verdadeiro número de telefone de trabalho, o site veiculava a seguinte informação sobre a usuária: "pessoa que se propõe a participar de programas de caráter afetivo e sexual". Para obter a retirada do seu nome do site, a psicóloga precisou propor ação judicial, no âmbito da qual chegou a afirmar, em depoimento pessoal, que receava perder o emprego por conta da constrangedora exposição que vinha sofrendo (Schreiber, 2021, p. 24).

No Brasil, embora o Supremo Tribunal Federal (STF) desempenhe um papel importante na defesa dos direitos constitucionais, inclusive no equilíbrio entre liberdade de expressão e proteção contra abusos, sua atuação recente tem sido alvo de críticas por supostos excessos.

Muitos juristas e cidadãos apontam que certas decisões do STF, especialmente em casos de censura a manifestações políticas, investigações de *fake news* ou bloqueios de perfis em redes sociais, ultrapassam os limites da imparcialidade e da legalidade estrita. O jornalista Berbigier discute essa tendência intervencionista do STJ no Brasil:

> A liberdade de expressão, pilar das democracias, enfrenta novos e complexos desafios na era digital. No Brasil, decisões recentes do STF sobre a responsabilidade de plataformas digitais reacenderam um debate fundamental: onde termina a liberdade e começa o risco da censura? (...)
>
> Essa nova abordagem do Supremo, suscita preocupações legítimas sobre a emergência de censura. Ao exigir que empresas privadas façam um "juízo prévio" sobre a legalidade de um conteúdo, o STF as coloca em uma posição de "polícia da internet". Há o risco evidente de que, para evitar penalidades, as plataformas optem pela remoção excessiva de conteúdos, mesmo aqueles que não são claramente ilícitos, suprimindo o debate e a diversidade de opiniões. Esse cenário também levanta a questão da imparcialidade e da capacidade técnica das empresas para tal tarefa.
>
> A gravidade desse risco é amplificada pelo contexto político brasileiro, com um governo de esquerda, que se diz comunista, alinhado a regimes autoritários conhecidos pela repressão à liberdade de expressão e de imprensa - como China, Rússia, Irã, Venezuela, entre outros. Nesses países, a supressão de vozes dissidentes é uma prática comum, e a liberdade de expressão é severamente restringida em nome da "segurança nacional" ou da "ordem social" (Berbigier, 2025).

Essa percepção tem alimentado desconfiança pública e, em meio ao debate polarizado, o STF tornou-se alvo frequente de memes e chacotas nas redes sociais, sendo retratado como autoritário ou seletivo. Embora parte desse conteúdo seja fruto de desinformação, ele também revela uma inquietação legítima sobre os riscos de concentrar poder em uma instância que deveria agir como guardiã da Constituição — e não como protagonista político.

Noutra direção, o Parlamento também tem uma responsabilidade ética e legislativa nesse equilíbrio. Ele deve criar e revisar leis que combatam o discurso de ódio, a desinformação e a intolerância, mas sempre com garantias democráticas. Projetos de lei mal formulados podem se tornar ferramentas de silenciamento político ou ideológico, minando a confiança da sociedade nas instituições democráticas.

Instituições educacionais têm um papel formativo e preventivo. Elas podem ensinar desde cedo a diferença entre opinião e preconceito, crítica e agressão, liberdade e irresponsabilidade. Escolas e universidades que incentivam o pensamento crítico, a empatia e o respeito à diversidade contribuem para uma sociedade em que a liberdade de expressão não seja usada como escudo para opressões.

De igual modo, instituições culturais, tais como museus, centros de memória, organizações civis, servem como guardiãs de narrativas plurais e espaços de reparação histórica. Elas têm o dever de valorizar a diversidade de vozes e também de enfrentar discursos excludentes, promovendo o reconhecimento de grupos historicamente marginalizados. Sua atuação pode tornar-se um antídoto contra formas simbólicas de violência.

Ao mesmo tempo, é preciso cautela. Quando instituições agem de forma autoritária, tentando impor uma única visão de mundo, elas acabam sufocando o debate público. A defesa dos direitos não pode servir como justificativa para a repressão de vozes dissidentes. É nesse ponto que entra o desafio do pluralismo: defender a convivência de diferentes visões sem tolerar discursos que ameaçam a própria coexistência democrática.

Deste modo, as instituições devem funcionar como garantidoras de um pacto social equilibrado: proteger os vulneráveis sem calar os diferentes. Essa responsabilidade exige constante vigilância democrática, formação continuada de seus agentes, transparência nas decisões e compromisso com os direitos humanos. Reconhecemos que a liberdade de expressão precisa das instituições. Contudo, não para ser limitada de forma arbitrária, mas para ser exercida com responsabilidade e justiça.

Liberdade com consequências: o que significa responder pelo que se diz?

A liberdade de expressão é um dos pilares mais preciosos da vida democrática, mas ela certamente não existe no vácuo. Toda liberdade carrega consigo uma dose de responsabilidade. Dizer o que se pensa, em uma sociedade plural, implica reconhecer que palavras têm impacto: elas podem informar ou desinformar, edificar ou destruir, incluir ou excluir. Exercê-la conscientemente é entender que toda fala produz efeitos e, portanto, pode gerar consequências éticas, sociais e até legais.

Responder pelo que se diz é aceitar que não existe neutralidade absoluta no discurso. Ainda que uma opinião seja expressa como pessoal, ela pode reverberar negativamente na vida de outros indivíduos ou grupos. Comentários ofensivos sobre raça, religião, orientação sexual ou deficiência, por exemplo, não deixam de ferir simplesmente porque foram proferidos "em tom de brincadeira" ou "sem intenção de ofender". O impacto da fala, muitas vezes, importa mais do que a suposta intenção.

No âmbito jurídico, a responsabilização pode acontecer de diferentes formas. O Código Penal brasileiro prevê punições para crimes contra a honra, incitação ao crime e discriminação racial, por exemplo. A legislação não se propõe a punir opiniões divergentes ou críticas legítimas, mas sim, manifestações que ultrapassem os limites do respeito aos direitos fundamentais. Essa distinção é essencial para que a liberdade de expressão não se torne pretexto para a propagação da violência verbal. Schreiber explica:

> ...o artigo 5º, X, da Constituição brasileira, (...) não se limita a consagrar os direitos fundamentais à intimidade, privacidade, honra e imagem, mas também determina seja "assegurado o direito a indenização pelo dano material ou moral decorrente de sua violação" (Schreiber, 2021, p. 39).

Também há consequências sociais. Com a ampliação do alcance da fala nas redes sociais, indivíduos públicos e anônimos passaram a experimentar as reações coletivas ao que dizem: cancelamentos, boicotes, mobilizações contrárias. Ainda que esses movimentos possam exagerar ou cometer injustiças, eles mostram que a sociedade está cada vez mais consciente do poder e do peso das palavras e exige responsabilidade de quem as profere.

No campo profissional, declarações públicas também podem afetar a imagem e a permanência de indivíduos em seus cargos, sobretudo em instituições que prezam pela ética, diversidade e inclusão. Empresas, escolas e órgãos públicos têm adotado políticas claras de conduta que proíbem falas discriminatórias, mesmo em ambientes fora do trabalho. A liberdade de expressão, nesse contexto, continua garantida, mas com reconhecimento de que ela não isenta ninguém de consequências institucionais.

Do ponto de vista moral, a responsabilidade discursiva é um traço de maturidade democrática. Quem defende uma sociedade plural precisa se dispor a ouvir críticas, reconhecer limites e revisar atitudes. Liberdade sem autocrítica é apenas egoísmo disfarçado. Em uma sociedade saudável, o direito de falar anda de mãos dadas com a disposição de escutar e aprender, mesmo (e, especialmente) diante do erro.

Portanto, liberdade com consequências não significa repressão, mas sim, amadurecimento cívico e incentivo à criticidade do que se fala e se pensa. Em vez de promover o silêncio, essa perspectiva convida ao uso consciente da fala. Ela encoraja a construção de um discurso público que seja crítico, mas não violento; corajoso, mas não destrutivo; firme, mas também empático. Acreditamos que essa é a base de uma convivência verdadeiramente democrática.

A INTERNET COMO TRIBUNAL:

liberdade ou linchamento? O impacto das redes sociais na amplificação de discursos e no cancelamento de pessoas e ideias

VIVEMOS NA ERA DA EXPOSIÇÃO DIGITAL, EM QUE CADA PALAVRA PUBLIcada nas redes sociais pode se tornar pública, analisada, julgada e compartilhada por milhares ou até milhões de pessoas em questão de minutos. Nesse contexto, a liberdade de expressão encontrou um novo palco, que é, ao mesmo tempo, mais aberto e mais implacável. A internet democratizou o acesso à fala, mas também inaugurou formas inéditas de repressão social e linchamento moral. O presente capítulo propõe refletir sobre essa contradição.

Com o surgimento de plataformas como X (antigo Twitter), Instagram, TikTok e outras, a noção de tribunal popular ganhou uma nova dimensão. Não se trata mais apenas de opinião pública, mas de juízos sumários formados por massas digitais que muitas vezes atuam sem critério, contexto ou espaço para defesa. É nesse ambiente que expressões como "cancelamento", "exposição" ou "massacre digital" ganharam relevância. E, se por um lado isso oferece poder às vozes outrora silenciadas, por outro traz perigos éticos e legais sérios.

A internet rompeu com o modelo tradicional de mediação do discurso. Em vez de jornalistas, editores ou órgãos reguladores, temos algoritmos que priorizam o que gera mais engajamento – e o engajamento costuma crescer em torno da polêmica, da indignação e da condenação moral. Isso cria um ambiente propício à amplificação de erros, à descontextualização de falas e à estigmatização de indivíduos por deslizes, opiniões impopulares ou simplesmente por representarem grupos específicos.

Nesse sentido, a internet é um enorme desafio. Warburton apresenta quatro características da era virtual que podem ser perigosas no que tange à discussão da liberdade de expressão:

Anonimato. A Internet permite que os usuários e os criadores das comunicações permaneçam escondidos. Isso facilita a produção, a criação e a consumação de materiais falsos, ilegais e perigosos, tais como a pornografia infantil e o discurso de ódio.

Falta de controle de qualidade. Quase toda pessoa consegue postar quase qualquer coisa na Internet. Isso é muito diferente da publicação convencional em que muitas informações imprecisas e enganosas são filtradas pelo sistema de edição ou removidas mediante requerimento de advogados antes que um livro, uma revista ou um jornal sejam impressos. Na Internet, afirmações infundadas são publicadas facilmente tanto quanto artigos apoiados em ampla pesquisa. Realmente, todo um gênero denominado Gripe Sites cresceu com o único propósito de expressar rancores, comumente de modo difamatório. Boatos sobre celebridades, frequentemente infundados ou completamente falsos, são amplamente disseminados via blogs; se esses posicionamentos tivessem sido expostos em jornais publicados, muitos teriam sido suprimidos pela pressão legal.

Audiência potencialmente enorme. A Internet fornece acesso a potencialmente milhões de leitores e de espectadores ao redor do mundo. Isso pode ampliar qualquer dano causado pelo discurso.

Pessoas antissociais encontram sua alma gêmea. Pessoas com visões estranhas, excêntricas, subversivas e perigosas podem se encontrar facilmente na Internet. Se no passado quem tinha tais visões seria socialmente isolado, hoje, conectadas por salas de bate papo e sites, essas pessoas "ganham coragem não apenas para expressarem suas ideias, mas também para agirem com base nelas, a autoconfiança delas é reforçada por integrarem uma comunidade de crentes (Warburton, 2020, p. 83).

Um dos paradoxos mais interessantes do mundo digital é que ele amplia tanto a liberdade de expressão quanto a pressão por conformidade. Pessoas que se desviam das normas morais ou ideológicas dominantes em determinado grupo podem ser expostas, perseguidas e silenciadas. Ao mesmo tempo que todos podem falar, muitos deixam de fazê-lo por medo de serem cancelados ou agredidos virtualmente. Essa tensão afeta diretamente a saúde democrática das sociedades e a pluralidade de ideias.

O presente capítulo também buscará analisar os limites entre crítica legítima e perseguição digital. Quando alguém comete um erro grave, como disseminar discurso de ódio ou *fake news*, é natural que haja reação pública. No entanto, é preciso refletir: até que ponto essa reação é proporcional? Quando ela se transforma em linchamento, destruição de reputação ou punição perpétua por um erro pontual? Será que alguém não pode se arrepender e aprender com seus erros? Essas são questões que desafiam o senso de justiça na era digital.

Outro ponto importante é a assimetria de poder nos julgamentos virtuais. Pessoas públicas e figuras midiáticas estão mais expostas, mas também têm mais ferramentas de defesa. Já cidadãos comuns, muitas vezes, são arrastados para o centro da tempestade digital sem qualquer preparo ou suporte. E, enquanto os holofotes os queimam, o silêncio de grandes plataformas e a lentidão da justiça convencional pioram toda a situação.

Por fim, este capítulo abordará como cultivar uma cultura de responsabilização ética e crítica na internet sem cair em práticas punitivistas, autoritárias ou desumanas. A liberdade de expressão só pode florescer plenamente se vier acompanhada de responsabilidade, empatia e compromisso com o diálogo. Entender os mecanismos do linchamento digital é o primeiro passo para promover uma convivência mais justa, plural e respeitosa no ambiente virtual.

O julgamento público nas redes: entre justiça popular e linchamento virtual

O julgamento público nas redes sociais é um fenômeno relativamente recente, mas que tem ganhado proporções cada vez mais intensas. A dinâmica de compartilhamento instantâneo, somada à emoção coletiva e à falta de mediação institucional, transformou as plataformas digitais e de redes sociais em verdadeiros tribunais populares digitais. Nestes espaços, qualquer pessoa pode ser denunciada, julgada e condenada por milhares (ou milhões) de usuários, muitas vezes em questão de horas, sem que tenha a chance de explicar ou se defender adequadamente.

Esse tipo de julgamento tem, por um lado, raízes legítimas. Em sociedades onde muitas vozes foram historicamente silenciadas, a internet surgiu como um espaço de empoderamento para grupos marginalizados denunciarem injustiças, abusos e discriminações. Casos como o de assédios sexuais expostos pelo movimento *#MeToo*, ou de violências racistas filmadas por cidadãos comuns, ou de abusos de policiais e outras autoridades exemplificam como as redes podem funcionar como ferramentas de justiça social. A indignação coletiva, nesses casos, pode pressionar as instituições a agirem quando normalmente se omitiriam.

Entretanto, a fronteira entre justiça social e linchamento virtual é tênue e, muitas vezes, ultrapassada. A lógica das redes sociais incentiva reações rápidas e emotivas, o que nem sempre favorece análises justas. A ausência de um "devido processo" com espaço para escuta, investigação e defesa transforma a pessoa acusada em alvo de ataques, memes, humilhações e ameaças, muitas vezes sem provas conclusivas ou com base em falas retiradas de contexto. O julgamento popular virtual tende a ser imediato e desproporcional.

Além de impactar diretamente a pessoa exposta, o linchamento virtual frequentemente transborda para o círculo íntimo do acusado, atingindo cônjuges, filhos, pais e irmãos, que nada tiveram a ver com a suposta fala ou atitude condenada. Familiares podem ser vítimas de ameaças, perseguições digitais, exposição de dados pessoais e humilhações públicas por associação, o que amplia ainda mais o dano emocional e social causado pelo tribunal da internet.

Em muitos casos, crianças e adolescentes ligados ao acusado sofrem *bullying* na escola, enquanto parceiros ou pais perdem oportunidades profissionais ou passam a viver sob constante vigilância e medo. Esse efeito colateral revela o quão desproporcional e cruel pode ser a cultura do cancelamento quando não há freios éticos ou institucionais que limitem sua propagação.

Além disso, muitos julgamentos públicos nas redes são motivados por desinformação. Em vários casos, o conteúdo que gera indignação coletiva foi manipulado, recortado fora de contexto ou até mesmo é falso. No calor do momento, poucas pessoas verificam a fonte ou aguardam esclarecimentos. Assim, cria-se uma massa punitiva que pode destruir reputações sem qualquer base objetiva e quando a verdade vem à tona, o estrago já está feito. O pedido de desculpas raramente viraliza como a acusação inicial. O relato a seguir, é pertinente para nossa reflexão:

> Outro modo de posicionar uma marca como inclusiva é fazer com que ela se alie a movimentos de linchamento virtual de personalidades vistas como racistas, homofóbicas, misóginas ou transfóbicas. A epítome desse método é a conta de internet Sleeping Giants, queridinha das agências de publicidade brasileiras.
>
> Um caso famoso é o do ex–jogador de vôlei Mauricio Souza, que falou contra o personagem do Superman bissexual. Imediatamente as duas marcas que o patrocinavam se posicionaram, Fiat e Gerdau. Ele ainda jogava. Elas decidiram encerrar o contrato. Não aceitavam que uma pessoa fosse tão sectária a ponto de criticar o Superman bissexual.
>
> A Fiat é a montadora que fez os carros oficiais de Adolf Hitler, Benito Mussolini (1883–1945) e de Francisco Franco (1892–1975). Se há uma empresa que deveria entender sobre redenção e evolução do conceito individual e coletivo de tolerância, é justamente ela (Lacsko, 2023, p. 156-157).

É preciso também considerar o impacto psicológico dos julgamentos virtuais. O linchamento digital pode causar depressão, ansiedade, isolamento social e até levar a tentativas de suicídio. A sensação de ser odiado por multidões, de estar constantemente sob vigilância e de não ter como se redimir é um peso insustentável para muitos. Embora o discurso virtual pareça “abstrato”, seus efeitos são absolutamente concretos na vida das vítimas desses ataques coletivos.

Por tudo isso, é fundamental que a sociedade desenvolva mecanismos de mediação e reflexão sobre os julgamentos públicos nas redes. Não se trata de proibir críticas ou silenciar denúncias legítimas, mas de incentivar uma cultura digital mais crítica, empática e consciente. A responsabilização deve ocorrer, mas com base em fatos, proporcionalidade e possibilidade de reparação. Caso contrário, o espaço que deveria ser de liberdade e justiça se torna palco de intolerância, punição excessiva e exclusão simbólica.

A lógica do cancelamento e a ausência de devido processo

O chamado "cancelamento" tornou-se uma das expressões mais emblemáticas da cultura digital contemporânea. Ele se refere ao boicote coletivo contra uma pessoa, marca ou instituição por comportamentos, declarações ou atitudes considerados ofensivos ou inaceitáveis por parte de um grupo de usuários nas redes sociais. A ideia é "deslegitimar" ou "desautorizar" alguém publicamente como forma de punição simbólica e social, muitas vezes sem qualquer espaço de escuta, defesa ou reconciliação.

Diferente dos processos judiciais, o cancelamento ocorre sem regras claras, sem direito à ampla defesa e sem instâncias de apelação. A *opinião pública digital* se torna, ao mesmo tempo, *acusadora, juíza* e *executora*. Basta uma postagem, uma fala polêmica ou uma denúncia viralizada para que uma avalanche de críticas, xingamentos e exposições invada os perfis do alvo. Mesmo que posteriormente a acusação seja desmentida ou relativizada, a reputação já foi, em muitos casos, irremediavelmente prejudicada.

Esse mecanismo de punição é muitas vezes impulsionado pela lógica da performance moral: indivíduos e grupos buscam demonstrar publicamente seu repúdio ao comportamento reprovável do outro para reafirmar sua própria superioridade ética. Trata-se de um teatro moral, em que a indignação é performada para a plateia digital. A consequência é uma cultura em que o medo de errar, de dizer algo ambíguo ou de se posicionar, acaba inibindo o diálogo sincero e o aprendizado coletivo.

Embora tenha sido impulsionado por pautas legítimas, como o combate ao racismo, machismo, homofobia e outras opressões, o cancelamento muitas vezes reproduz o autoritarismo que diz combater. Ele não abre espaço para o arrependimento, para o reconhecimento do erro ou para a transformação pessoal. Ao contrário, reduz o outro a um deslize e o fixa para sempre nessa identidade: o "racista", o "machista", o "intolerante", impedindo qualquer possibilidade de reconstrução de imagem ou reputação.

Além disso, a cultura do cancelamento nem sempre distingue entre graus de erro ou intenção. A mesma indignação se aplica a crimes graves e a falas mal colocadas, a comportamentos estruturais e a deslizes isolados. A ausência de critérios objetivos e de mediação institucional transforma a punição em um espetáculo de massas, em que o mais importante não é a justiça, mas o impacto imediato. A viralização substitui a reflexão, e o ruído se sobrepõe ao diálogo.

Outro aspecto problemático do cancelamento é a assimetria de poder: nem todos são cancelados da mesma forma ou com as mesmas consequências. Pessoas anônimas, periféricas ou já vulnerabilizadas socialmente sofrem muito mais com o linchamento virtual do que celebridades ou políticos com equipes de assessoria. Em certos casos, inclusive, figuras públicas conseguem até se fortalecer diante do cancelamento, usando-o como narrativa de vitimização ou de reafirmação de sua base de apoio.

Portanto, é urgente repensar a lógica do cancelamento. É necessário que a sociedade civil e as plataformas digitais encontrem formas de promover a responsabilização por discursos ofensivos ou discriminatórios, sem recorrer à violência simbólica ou à exclusão definitiva. Criar uma cultura de diálogo, escuta ativa e justiça restaurativa pode ser um caminho mais saudável e democrático para lidar com os conflitos morais e comunicativos da era digital.

O poder destrutivo da viralização de falas e imagens fora de contexto

Na era digital, a velocidade com que uma informação circula pode ser comparada a um incêndio em mata seca. Uma fala, uma imagem ou um trecho de vídeo, quando extraído de seu contexto original, pode adquirir significados completamente diferentes — e muitas vezes distorcidos — do que o pretendido pelo emissor. Essa desconexão entre intenção e recepção é potencializada pelas redes sociais, que operam segundo a lógica do clique, da emoção e do compartilhamento imediato.

Um dos maiores problemas da viralização fora de contexto é que ela transforma nuances em certezas absolutas. Um comentário irônico pode ser lido como uma ofensa direta; uma citação crítica pode ser interpretada como concordância; uma frase editada pode reverter completamente o sentido de uma fala. A ausência de contexto elimina a complexidade, e a imagem viral se torna um símbolo fixo, muitas vezes irrecuperável, na reputação pública de uma pessoa.

Vários casos emblemáticos ilustram esse fenômeno. Professores foram demitidos após trechos de aula viralizarem distorcidos; artistas tiveram suas carreiras interrompidas por vídeos editados que omitiram explicações anteriores ou posteriores; cidadãos comuns viram suas vidas virarem um inferno por causa de vídeos gravados em momentos de tensão e compartilhados sem o devido enquadramento. Em muitos desses casos, a verdade só veio à tona depois que os danos já estavam feitos.

A viralização fora de contexto também desumaniza o alvo. A pessoa envolvida deixa de ser um ser humano com história, sentimentos e direito à defesa, e passa a ser um "personagem" público, um meme, um vilão ou símbolo do erro que se quer combater. Essa transformação torna mais fácil justificar os ataques, os xingamentos e a exclusão, já que não se atinge mais uma pessoa real, mas uma caricatura amplificada e cristalizada na opinião pública.

Além disso, as próprias plataformas digitais colaboram para esse processo ao priorizarem conteúdos virais e emocionais nos algoritmos de recomendação. Uma informação distorcida que gera indignação e compartilhamento tem mais chance de circular do que uma explicação cuidadosa e contextualizada. O sistema premia a rapidez e penaliza a profundidade, criando um ambiente tóxico para o debate público e para a preservação da verdade.

Lackso menciona 16 tipos de comportamentos tóxicos levantados pelo psicólogo Jonathan Shedler. Apontamos eles a seguir:

“SPLITTING” – Ver os outros em categorias de branco e preto, sem tons intermediários. As pessoas passam a ter uma única dimensão. Ou são puramente boas ou são puramente más;

NEGAÇÃO – Recusa em tomar conhecimento ou aceitar a realidade quando ela não se encaixa em seus desejos e preferências;

CONTROLE ONIPOTENTE – Busca por controlar o comportamento, discurso e até pensamento dos outros. Insistir que os outros devem pensar o seu pensamento em vez do próprio;

DESVALORIZAÇÃO – Denegrir e repudiar algumas pessoas ou grupos e entender que elas têm menos valor e importância;

MASOQUISMO MORAL – Acreditar que seu sofrimento faz de você alguém melhor, mais virtuoso ou importante que as outras pessoas. Um exemplo é se sentir superior ou melhor que os outros com base em privações ou sacrifícios voluntários;

PROJEÇÃO – Não ter consciência dos próprios sentimentos e motivações inaceitáveis e indesejáveis. Exemplos comuns são ódio, inveja e rancor. Passar a, de forma errônea, começar a enxergar esses sentimentos somente nas outras pessoas;

TRANSFERÊNCIA – Responder a outra pessoa como se ela fosse alguém do seu passado. Um exemplo é passar a punir alguém com quem você se relaciona no presente por erros que outra pessoa cometeu com você no passado;

“FALSE SELF” – Um falso senso de identidade emprestado de outras pessoas, substituindo o autoconhecimento, exploração e desenvolvimento da própria personalidade;

ONIPOTÊNCIA – Acreditar e insistir que você tem poder sobre outras pessoas ou circunstâncias que você não controla. Insistir que seus desejos podem e devem se sobrepor à realidade objetiva;

EXTERNALIZAÇÃO – Culpar outras pessoas ou circunstâncias em vez de assumir a responsabilidade pela própria conduta e por escolhas pessoais;

> FORMAÇÃO REATIVA – Mascarar sentimentos profundos e atitudes pelo método de expressar o oposto de forma exagerada. Um exemplo é expressar aprovação ou admiração exagerada sobre alguém que você considera inferior. Isso ocorre muito em grupos extremistas, onde todos são maravilhosos e arrasam;
>
> INVEJA EXTREMA – Inveja destrutiva que leva você a querer destruir o que você não pode ter ou quem você não pode ser. A frase que descreve melhor a situação é: "se eu não posso ter isso, então eles não podem ter a permissão de existir";
>
> REPETIÇÃO E ENCENAÇÃO – Quando algo que não queremos saber ou compreender sobre nós mesmos é representado com outros indefinidamente;
>
> "SPLITTING" EXTERNO – Tratar as outras pessoas de forma que elas sejam direcionadas a se polarizar em campos diferentes, ou estão com você ou estão contra você;
>
> DESLOCAMENTO – Mover sentimentos de uma pessoa ou situação para outra, que seja mais segura. Um exemplo clássico é atacar uma pessoa que não pode se defender em vez de uma que tenha condições de retaliar;
>
> IDENTIFICAÇÃO PROJETIVA – Projetar em outras pessoas sentimentos e motivos não reconhecidos. Então, dar um passo além e se comportar de forma que provoque no outro os sentimentos que você projetou. Por exemplo, projetar que alguém é violento. Então, tratar a pessoa de uma forma tão ruim que ela realmente se torne violenta (Shedler apud Lackso, 2023, p. 39-40).

Outro fator preocupante é que a viralização fora de contexto é muitas vezes intencional. Grupos políticos, ideológicos ou econômicos editam e divulgam trechos com o objetivo de manipular a opinião pública, atacar adversários ou fabricar crises. O uso de *deepfakes*, cortes tendenciosos e manchetes sensacionalistas são ferramentas comuns nesse cenário. Quando a mentira se espalha com velocidade, a verdade se torna refém da lentidão da verificação.

Por isso, é urgente educar a sociedade para a leitura crítica da informação. Antes de compartilhar, é preciso perguntar: "Isso está completo?", "Faz sentido?", "Há fonte confiável?", "Há outro lado da história?". Da mesma forma, os meios de comunicação e as plataformas digitais têm o dever de criar mecanismos que desacelerem o sensacionalismo e favoreçam a integridade do conteúdo. Afinal, no tribunal da internet, uma imagem cortada pode ter o mesmo efeito de uma sentença — e sem nenhuma chance de apelação.

A fragilidade da reputação digital e seus impactos na vida real

Na era das redes sociais, a reputação de uma pessoa pode ser construída em anos, mas destruída em poucas horas. A digitalização da vida social trouxe consigo um novo tipo de vulnerabilidade: a exposição constante e a possibilidade de ter sua imagem pública alterada por julgamentos alheios, muitas vezes baseados em recortes, interpretações parciais ou acusações infundadas. Em contextos digitais, a reputação se torna um ativo frágil, volátil e, muitas vezes, irrecuperável.

Essa fragilidade é ainda mais grave porque a internet não esquece. Mesmo que um conteúdo seja apagado, ele pode ter sido printado, replicado ou arquivado em outros espaços virtuais. A mancha na reputação pode continuar aparecendo em pesquisas no Google ou ser usada repetidamente em debates futuros, mesmo que a pessoa tenha sido inocentada ou tenha se retratado publicamente. O rastro digital permanece como uma cicatriz permanente.

A reputação esta atrelada à honra do sujeito, garantida pela Constituição e que pode servir como caso de avaliação à liberdade de expressão, caso fira esse ponto. Como explica Novelino,

> A honra consiste na repuqtação do indivíduo perante o meio social em que vive (honra objetiva) ou na estimação que possui de si próprio (honra subjetiva). (...) O direito à imagem impede, prima facie, sua captação e difusão sem o consentimento da própria pessoa. A proteção a esse direito é autônoma em relação à honra, devendo ocorrer ainda que

> não haja ofensa à estimação pessoal ou à reputação do indivíduo (Novelino, 2020, p. 381).

Além da dor emocional, há consequências reais e materiais. Pessoas que são "canceladas" ou expostas a linchamentos digitais perdem empregos, contratos, parcerias, relacionamentos e oportunidades futuras. Instituições se afastam, marcas rompem vínculos e até amigos se retraem, com medo de associação. Em muitos casos, trata-se de uma punição social desproporcional, que não respeita o devido processo, nem oferece chance de explicação ou defesa.

Outro ponto importante é que nem sempre a pessoa "acusada" nas redes é culpada. A dinâmica digital costuma operar sob a lógica do julgamento sumário: quem primeiro viraliza, define a narrativa. O tribunal da internet não exige provas nem oferece direito à contestação. Basta uma acusação convincente e o dano já estará feito. É como se a reputação se tornasse uma moeda de aposta: uma vez manchada, dificilmente recuperada.

Essa fragilidade atinge pessoas públicas e anônimas. Celebridades e influenciadores têm suas falas analisadas com lupa, mas também jovens, professores, profissionais comuns e até estudantes têm sido alvos de campanhas de exposição e hostilidade. O medo de ser mal interpretado ou de ser filmado fora de contexto gera autocensura e insegurança, o que enfraquece a liberdade de expressão e empobrece o debate público.

Além disso, a lógica do engajamento e da indignação premiada pelas redes sociais reforça esse ambiente punitivo. As plataformas priorizam o que gera reação e a polêmica vende. Nesse sentido, a fragilidade da reputação não é apenas um efeito colateral, mas um produto calculado de um ecossistema digital que lucra com o escândalo e a polarização. A viralização do erro é mais rentável do que a promoção do diálogo.

É preciso, portanto, repensar a cultura digital e criar mecanismos de proteção à reputação no ambiente virtual. Isso envolve educação midiática, políticas de moderação mais justas e canais de reparação eficientes. A reputação é um bem imaterial essencial à dignidade da pessoa. Preservá-la não é censura, é responsabilidade social. A internet pode ser um espaço de liberdade, mas deve também ser um ambiente de respeito.

Como cultivar uma cultura de responsabilização sem apelar à violência simbólica

A cultura de responsabilização é necessária em qualquer sociedade que valorize a convivência democrática e o respeito mútuo. No entanto, essa responsabilização precisa ser justa, equilibrada e não deve recorrer à violência simbólica, isto é, à humilhação pública, ao silenciamento por medo ou à destruição de identidades. É possível responsabilizar sem destruir. O desafio está em substituir a lógica do linchamento pela lógica do diálogo e da construção coletiva.

A responsabilização começa pela promoção de uma ética da escuta. Antes de julgar, é preciso ouvir. Muitas vezes, uma fala equivocada pode vir da ignorância, e não de má-fé. Em vez de reagir com fúria, a sociedade pode responder com educação, convidando ao esclarecimento, incentivando o reconhecimento do erro e abrindo espaço para o arrependimento sincero. A responsabilização que transforma é aquela que educa, não a que aniquila.

Outro aspecto fundamental é distinguir entre erro e crime, entre fala infeliz e discurso de ódio. Nem toda manifestação polêmica é ofensiva, e nem toda discordância é violência. A responsabilização precisa ser feita com critérios, e não com base na indignação do momento. Julgar pelas aparências ou por trechos fora de contexto é injusto e destrutivo. É necessário recuperar o princípio da proporcionalidade. Novelino nos ajuda mais uma vez a entender esse ponto:

> Por serem considerados princípios, a liberdade de manifestação do pensamento e liberdade de expressão podem colidir com outros direitos fundamentais de terceiros, tais como a honra, a imagem, direito à intimidade e à vida privada (art. 5°, X, CR/1988). Motivo pelo qual é preciso identificar quem emitiu o juízo, a fim de que seja viabilizada eventual responsabilização nos casos de manifestação abusiva (Novelino, 2020, p. 388).

As plataformas digitais, nesse cenário, também têm um papel essencial. Elas devem garantir regras claras e aplicar sanções de forma transparente e proporcional. A moderação de conteúdo não pode ser conduzida por algoritmos cegos nem por campanhas de linchamento popular. Deve haver espaço para contestação, recurso e revisão. A responsabilização deve seguir o devido processo, mesmo no ambiente digital.

A escola, a universidade e os meios de comunicação também são agentes formadores de uma cultura de responsabilização consciente. Através da educação digital, da promoção do pensamento crítico e do incentivo à empatia, essas instituições podem preparar cidadãos mais conscientes da força e das consequências de suas palavras. É na formação dos sujeitos que se constrói uma internet mais ética.

Do lado individual, é preciso desenvolver a autorreflexão. Antes de compartilhar, atacar ou cancelar, pergunte: isso constrói ou destrói? O que essa resposta diz sobre mim? A responsabilização responsável começa no próprio sujeito, que entende que liberdade vem com deveres. Cada usuário da internet carrega consigo o poder de influenciar outros e isso exige maturidade.

Responsabilizar sem violência simbólica é construir uma cultura do arrependimento e do recomeço. Quem errou precisa de caminhos para reconhecer, se retratar e reconstruir sua credibilidade. A sociedade não pode ser um lugar onde o erro é uma sentença perpétua. Precisamos de justiça, sim; mas também de compaixão, discernimento e humanidade.

PARTE III
CULTURA DO CANCELAMENTO E A SOCIEDADE DIGITAL

LIBERDADE DE EXPRESSÃO

A FRONTEIRA ENTRE **OPINIÃO** E **DISCURSO DE ÓDIO**

AS REDES SOCIAIS: UM CAMPO DE BATALHA.

O poder dos algoritmos na disseminação de ideias *Fake News*, bolhas ideológicas e polarização

NÃO TEMOS DÚVIDAS DE QUE AS REDES SOCIAIS TRANSFORMARAM PROfundamente a maneira como as pessoas se comunicam, se informam e participam da vida pública. Conversamos com pessoas de todo o mundo com rapidez e as distâncias se encurtaram. A facilidade para obter informações do mundo todo estão no ápice da velocidade.

Mas, não é só isso. Em poucos segundos, uma mensagem pode alcançar milhões de pessoas ao redor do mundo, moldando opiniões, comportamentos e até decisões políticas. Essa agilidade e alcance são, ao mesmo tempo, fascinantes e perigosos. A democratização da fala não veio acompanhada de mecanismos adequados para conter abusos, distorções e manipulações.

A internet, antes vista como um espaço neutro e libertador, hoje é reconhecida como um terreno altamente disputado, onde interesses econômicos, ideológicos e políticos competem por atenção e influência. Nesse ambiente, a liberdade de expressão, embora fortalecida em muitos aspectos, também se vê em constante ameaça. Não apenas pela censura estatal, mas pelas próprias dinâmicas das plataformas, que amplificam conteúdos polarizadores em detrimento de vozes equilibradas e reflexivas.

Um dos fatores centrais nessa transformação é o papel dos algoritmos. Essas fórmulas matemáticas, criadas para personalizar a experiência do usuário, acabam por moldar aquilo que ele vê, lê e consome. Ao priorizar conteúdos que geram mais engajamento, geralmente os mais extremos, emocionais ou escandalosos, os algoritmos favorecem a polarização e a radicalização. Assim, em vez de conectar, a rede pode isolar.

Outro desafio crítico é a proliferação das *fake news*. Informações falsas, sensacionalistas ou enganosas são disseminadas com facilidade, explorando as emoções do público e explorando brechas na verificação de fatos. A verdade torna-se cada vez mais relativa, e a confiança nas instituições se enfraquece, gerando necessidade constante de verificação das informações.

Além disso, o modelo de negócios das grandes plataformas digitais baseia-se na atenção do usuário: quanto mais tempo se permanece conectado, maior o lucro com publicidade. Isso leva à promoção de conteúdos chocantes, ofensivos ou polêmicos, pois são justamente esses que mais prendem o público. A monetização da controvérsia acaba incentivando o discurso de ódio, a intolerância e a desinformação.

Esse ambiente complexo também gera consequências sociais profundas. As pessoas tendem a se agrupar em bolhas ideológicas, nas quais apenas opiniões semelhantes são compartilhadas e reforçadas. O resultado é a fragmentação do debate público, o enfraquecimento do diálogo democrático e o aumento da intolerância entre grupos distintos. A empatia se perde quando o "outro" se torna um inimigo digital.

Diante disso, este capítulo pretende explorar criticamente esse cenário. Analisaremos como os algoritmos influenciam o discurso, como as *fake news* são produzidas e disseminadas, como se formam as bolhas ideológicas, de que forma a monetização do discurso impacta a ética digital e qual tem sido o papel (ou a omissão) das grandes corporações tecnológicas. O objetivo é compreender os riscos envolvidos e discutir caminhos possíveis para proteger a liberdade de expressão sem comprometer o bem coletivo.

Como os algoritmos impulsionam o extremismo e o sensacionalismo

Os algoritmos das redes sociais são projetados para manter os usuários engajados o maior tempo possível. Para isso, eles analisam padrões de comportamento, preferências, curtidas, comentários e tempo de visualização, personalizando o conteúdo de cada *feed*. O problema é que, nessa lógica, os algoritmos favorecem publicações que despertam emoções intensas, i.e., aqueles que trazem indignação, medo, raiva ou risadas — em detrimento de conteúdos equilibrados, reflexivos ou informativos. Isso cria um terreno fértil para o extremismo e o sensacionalismo. O ponto de vista sensacionalista é:

> pessimista, emotivo, indignação, apelo aos sentidos, sentimentos populares, populismo, erotismo, moralismo, engajamento com os sentimentos populares (raiva, humor, segurança), apelo ao interesse do público em detrimento do interesse público. Medo social, perigo, riscos e atenção a problemas, crime, mortes, sangue. Critérios principais de noticiabilidade: entretenimento, fantástico, incrível, singularidade (Derosa, 2019, p. 76).

Estudos demonstram que conteúdos mais polarizadores tendem a gerar mais interações. Um discurso extremado, uma manchete alarmista ou uma imagem chocante são mais propensos a viralizar do que uma análise ponderada. Assim, os algoritmos, movidos por métricas de engajamento, acabam recompensando a radicalização. Mesmo sem intenção ideológica, essas máquinas retroalimentam ciclos de indignação, promovendo bolhas e confrontos constantes entre visões opostas.

Essa dinâmica, é claro, contribui para o enfraquecimento do discurso público. À medida que os usuários são expostos majoritariamente a conteúdos que confirmam suas crenças — e muitas vezes caricaturam ou demonizam o "outro lado" — o espaço para a escuta e o diálogo desaparece. A moderação é penalizada com invisibilidade, enquanto o exagero é premiado com alcance. Isso distorce a percepção da realidade e reforça visões radicais como se fossem majoritárias.

Além disso, o conteúdo sensacionalista nem sempre é factual. Muitas vezes, é baseado em distorções, exageros ou mentiras. Contudo, ao ser impulsionado pelos algoritmos, esse conteúdo alcança milhões de usuários antes que qualquer mecanismo de verificação consiga atuar. Assim, a própria verdade se torna refém de uma lógica matemática orientada por cliques, e não por critérios éticos, jornalísticos ou científicos.

Essa situação se agrava quando consideramos o impacto político e social dessa amplificação algorítmica. Candidatos, movimentos e influenciadores que adotam discursos radicais e populistas acabam tendo maior visibilidade e influência justamente porque sabem manipular o sistema. O extremismo se transforma, assim, em uma estratégia comunicacional lucrativa e eficaz. A consequência é o enfraquecimento da democracia e da convivência social.

A responsabilização pelo que os algoritmos promovem ainda é um tema controverso. As plataformas costumam alegar que apenas mostram "o que as pessoas querem ver", mas na prática elas são agentes ativos na construção das bolhas e da radicalização. Ignorar isso é eximir-se de uma responsabilidade ética fundamental: a de garantir que a arquitetura das redes não se torne um motor de destruição da esfera pública.

Diante desse cenário, torna-se urgente repensar o papel dos algoritmos na sociedade. É necessário exigir maior transparência sobre seus critérios, promover ajustes que valorizem conteúdos educativos e diversos, e desenvolver mecanismos que impeçam a propagação automática de discursos nocivos. A tecnologia pode ser aliada da democracia, mas somente se for orientada por princípios éticos e por um compromisso com o bem comum.

Fake news como ferramenta de manipulação e polarização

As *fake news*, ou notícias falsas, tornaram-se um dos fenômenos mais preocupantes da era digital. Mais do que simples boatos, elas são frequentemente construídas com aparência de verdade, utilizando linguagem jornalística, imagens manipuladas e até mesmo testemunhos forjados. Ao circular com velocidade nas redes sociais, essas informações distorcidas têm o poder de influenciar decisões políticas, promover ódio contra grupos sociais e destruir reputações. O problema se agrava quando a mentira reforça crenças prévias dos usuários, o que aumenta sua aceitação e disseminação.

O potencial manipulador das *fake news* não é acidental. Grupos políticos, movimentos ideológicos e até interesses comerciais passaram a utilizar a desinformação como estratégia deliberada de influência. Ao espalhar inverdades bem estruturadas, conseguem desestabilizar adversários, criar confusão na opinião pública e provocar reações emocionais em massa. Em períodos eleitorais, por exemplo, esse tipo de conteúdo é usado para manipular o voto por meio do medo, da calúnia ou da fabricação de escândalos.

As *fake news* também são eficazes ferramentas de polarização. Elas não apenas desinformam, elas alimentam a lógica do "nós contra eles". Criam narrativas que demonizam o outro lado, distorcendo seus argumentos e atribuindo intenções maléficas. Assim, ao invés de contribuir para o debate público, a mentira consolida trincheiras e dificulta a construção de consensos. A confiança entre grupos sociais e instituições é corroída, e o ambiente se torna cada vez mais hostil ao diálogo. O que é verdade hoje? Seetl nos provoca:

> Nos últimos anos, também assistimos ao surgimento da "pós-verdade" (McIntyre, 2018), na qual notícias falsas, mentiras, negacionismo e manipulação política são comuns e minam ainda mais a confiança nas instituições e nos atores políticos. Ao examinar as sementes da pós-verdade, Moustafa Bayoumi (2023) sugeriu que a guerra do Iraque de 2003 foi crucial para degradar nossa fé na política e inaugurou uma era em que "o aparato da mentira se institucionalizou em nosso governo e foi apoiado por nossa mídia" (Steel, 2024, p. 238).

A disseminação de *fake news* é impulsionada por mecanismos que exploram a natureza emocional das redes sociais. Como destacamos, conteúdos falsos com títulos alarmantes ou informações escandalosas são muito mais propensos a viralizar do que notícias verdadeiras, que costumam ser mais equilibradas. Nesse sentido, a lógica do compartilhamento instantâneo, sem verificação prévia, transforma cada usuário em um possível vetor de desinformação. Isso mostra que o problema não se restringe a quem cria as *fake news*, mas também a quem as compartilha de forma acrítica.

Além do impacto social e político, as *fake news* também têm consequências jurídicas e econômicas. Empresas podem ser boicotadas injustamente, pessoas podem perder empregos ou sofrer ameaças, e políticas públicas podem ser sabotadas com base em mentiras. Podemos lembrar da época da pandemia, em que informações falsas sobre vacinas e tratamentos colocaram vidas em risco, dificultando ações sanitárias e alimentando teorias da conspiração com alto grau de periculosidade.

Combater as *fake News*, nesse sentido, requer mais do que desmentidos pontuais. É preciso investir em educação midiática, promover a alfabetização digital e desenvolver o senso crítico da população. Usuários precisam aprender a identificar fontes confiáveis, verificar dados e desconfiar de conteúdos sensacionalistas. As plataformas, por sua vez, têm a responsabilidade de detectar e reduzir a circulação de desinformação, sem cair na armadilha da censura, mas com base em critérios transparentes e éticos.

Ademais, é necessário reconhecer que a luta contra as *fake news* é também uma luta pela preservação da democracia. Quando a mentira prevalece, o debate público perde legitimidade, e decisões coletivas passam a ser tomadas com base em ilusões. O enfraquecimento da verdade compromete a própria noção de liberdade de expressão, pois transforma o discurso livre em um campo minado por manipulações. Proteger a informação confiável é, portanto, proteger o direito da sociedade de decidir com consciência e responsabilidade.

A criação de bolhas ideológicas e a erosão do diálogo democrático

As redes sociais, ao prometerem conectar pessoas, acabaram criando mecanismos que frequentemente promovem o isolamento em bolhas ideológicas. Isso ocorre porque os algoritmos das plataformas tendem a mostrar conteúdos que se alinham com as preferências do usuário, reforçando suas visões de mundo. O resultado é que, em vez de ampliar horizontes, muitos acabam presos em câmaras de eco, onde só escutam vozes semelhantes às suas.

A diversidade de pensamento, que deveria enriquecer o debate democrático, é silenciada pelo conforto das opiniões confirmatórias. Essas bolhas ideológicas têm um efeito corrosivo sobre o debate público. Quando indivíduos deixam de ser expostos a perspectivas divergentes, tornam-se menos tolerantes com o contraditório. A polarização se intensifica, o diálogo desaparece e a sociedade se fragmenta. De fato,

> ...há uma maior percepção do fato de que as pessoas têm vivido em "bolhas" na internet, criando pequenas "espirais de silêncio" e rodeando-se de opiniões concordantes enquanto repelem as incompatíveis. Isso ajuda a explicar a discrepância nos dados sobre credibilidade (Derosa, 2019, p. 45).

Em contextos assim, adversários políticos deixam de ser vistos como concorrentes em uma democracia saudável e passam a ser percebidos como inimigos a serem derrotados. Essa lógica binária compromete a convivência democrática e enfraquece a construção de consensos sociais.

Outro efeito negativo das bolhas é a radicalização progressiva. Ao consumir continuamente conteúdos que reforçam suas crenças, muitos usuários se tornam mais rígidos em suas posições e mais propensos a rejeitar informações que desafiem seus pontos de vista. A ausência de contrapontos gera um ciclo de autovalidação que pode levar ao fanatismo, ao desprezo por instituições e ao aumento da intolerância.

A possibilidade de rever opiniões, essencial para o crescimento democrático, é substituída pela hostilidade ao diferente. O ambiente virtual, dentro dessas bolhas, passa a operar como uma espécie de realidade paralela. Narrativas são construídas e mantidas com pouca ou nenhuma relação com fatos verificáveis.

Isso permite que desinformação e teorias conspiratórias ganhem força, especialmente quando encontram terreno fértil em grupos já desconfiados da mídia tradicional ou das instituições democráticas. Assim, o debate público se torna vulnerável a manipulações e a sociedade perde sua capacidade de discernimento coletivo.

Além de tudo isso, as bolhas ideológicas influenciam diretamente os processos eleitorais e as políticas públicas. Candidatos e partidos adaptam seus discursos às percepções criadas nesses nichos, muitas vezes abandonando o debate racional e aderindo a slogans fáceis, ataques e narrativas simplificadoras. O resultado é uma política cada vez mais emocional, reativa e centrada em disputas identitárias.

A razão, o diálogo e a construção de propostas equilibradas cedem lugar à gritaria digital e à segmentação extremada do eleitorado. Para reverter esse quadro, é fundamental que plataformas digitais incentivem o contato com diferentes perspectivas. Medidas como exposição a conteúdos plurais, verificação de fatos, e estímulo à escuta ativa podem ajudar a quebrar o ciclo de confirmação ideológica.

Da mesma forma, iniciativas educacionais que promovam empatia, pensamento crítico e argumentação respeitosa são mais do que essenciais para reconstruir pontes de diálogo. Uma educação crítica e transformadora pode mediar uma visão de mundo conscientizada e conscientizadora.

Reconhecer a existência e os riscos das bolhas ideológicas é o primeiro passo para superá-las. O diálogo democrático exige esforço, abertura e disposição para o desacordo respeitoso. A pluralidade é uma das maiores riquezas das sociedades livres, mas só se realiza quando há espaço real para o encontro entre ideias distintas.

A monetização do discurso de ódio e da controvérsia

Um dos aspectos mais preocupantes do ambiente digital atual é a forma como o discurso de ódio e a controvérsia se tornaram fontes de lucro. Plataformas operam com modelos de negócios baseados em engajamento — ou seja, quanto mais cliques, curtidas, compartilhamentos e tempo de visualização um conteúdo gera, mais ele é impulsionado e monetizado.

Como o conteúdo polêmico ou agressivo tende a gerar reações emocionais intensas, ele se torna especialmente rentável, mesmo quando infringe valores éticos ou legais. Essa lógica cria um incentivo perverso: quanto mais chocante, divisivo ou ofensivo for o conteúdo, maior a chance dele ser recompensado com visibilidade e ganhos financeiros.

Isso abre espaço para influenciadores, comentaristas e até canais jornalísticos que se especializam em escândalos, fofocas, ataques pessoais, desinformação e sensacionalismo. O objetivo deixa de ser informar ou contribuir com o debate público e passa a ser provocar, humilhar ou escandalizar, tudo em nome do engajamento.

Nesse sentido, a monetização do ódio não afeta apenas a esfera virtual. Ela tem impactos reais na vida das pessoas, especialmente das minorias sociais, religiosas e políticas que se tornam alvos recorrentes de campanhas de difamação. Esses ataques, quando amplificados pelas redes, criam ambientes hostis que naturalizam a exclusão e o preconceito, enfraquecendo os laços sociais e a convivência democrática.

A situação é agravada pelo fato de que as plataformas costumam adotar medidas lentas ou tímidas para conter esses abusos, especialmente quando os conteúdos polêmicos são altamente lucrativos. Muitas vezes, a remoção de vídeos, perfis ou comentários ofensivos só ocorre após ampla repercussão pública ou pressão de autoridades.

Em outros casos, mesmo conteúdos denunciados permanecem online por longos períodos, expondo as vítimas e multiplicando os danos. Há também uma dimensão política na monetização da controvérsia. Grupos extremistas perceberam que é possível usar as redes para propagar ideias antidemocráticas e ao mesmo tempo arrecadar recursos.

Por meio de campanhas de doação, venda de produtos ou monetização direta de conteúdo, esses grupos financiam suas atividades enquanto espalham desinformação, ódio e divisão. Isso representa um desafio inédito para os sistemas democráticos, que precisam proteger a liberdade de expressão sem permitir que ela seja usada para corroer a própria democracia.

É urgente que se repensem os mecanismos de remuneração e visibilidade nas redes sociais. Não basta confiar na boa vontade das plataformas: é necessário estabelecer regras claras que impeçam o lucro com base no discurso de ódio, incentivando, ao contrário, o conteúdo responsável, informativo e construtivo, evitando que o ódio seja propagado a "custo" do lucro.

A publicidade também tem um papel a cumprir: empresas devem monitorar onde seus anúncios aparecem e recusar financiar canais ou perfis que promovem ataques e desinformação. Isso é tão mais complexo que, a lógica de mercado e de lucro é que domina as decisões:

> Embora, ante a não submissão da controvérsia em Juízo, haja sido mantido o cenário de indefinição sobre a licitude de tais conteúdos, a situação narrada, obviamente, chamou atenção de outros produtores de memes, como Minions Sinceros 16 e derivados, porquanto ao empregarem personagens para

> fazer montagens podem sofrer o mesmo destino. A página Chapolin Sincero, ademais, é sintomática da discussão autoral. Vozes contrárias à sua manutenção aduziram que, além de gerar monetização nas redes sociais, principalmente no Facebook, o perfil efetua plágios de outras obras e páginas e desvirtua o querido personagem do imaginário social, muita vez associando-o a discursos de ódio (André, 2021, p. 228).

Construir um ecossistema digital saudável exige coragem para enfrentar as estruturas de incentivo que hoje premiam o que há de pior no discurso público. A liberdade de expressão é essencial, é verdade. Mas não pode servir como escudo para a monetização da violência simbólica. O desafio está em encontrar formas de garantir pluralidade e crítica, sem recompensar o ódio e isso envolve tanto regulação pública quanto responsabilidade privada.

O papel das Big Techs: omissão, regulação ou censura?

Chegamos num ponto importante. As grandes empresas de tecnologia, conhecidas como Big Techs (e.g., Google, Meta – Facebook, Instagram, WhatsApp e outras), tornaram-se os novos mediadores do debate público global. Elas controlam algoritmos, políticas de conteúdo e a infraestrutura digital por onde circulam bilhões de informações diariamente. Com esse poder imenso, surge a pergunta inevitável: qual é a real responsabilidade dessas corporações diante da disseminação de discursos de ódio, desinformação e polarização?

Frequentemente, essas empresas se colocam como meras intermediárias tecnológicas, alegando que não produzem conteúdo e, portanto, não devem ser responsabilizadas por ele. Contudo, ao curar, moderar e impulsionar conteúdos com base em algoritmos comerciais, elas deixam de ser neutras. Essa posição ambígua, entre a omissão e o controle seletivo, gera um vácuo regulatório perigoso, onde interesses econômicos se sobrepõem aos valores democráticos e à segurança das sociedades.

A resposta das plataformas a conteúdos nocivos costuma ser reativa, desarticulada e, muitas vezes, ineficaz. Algumas tentam combater *fake news* com rótulos de verificação ou limitações de alcance, mas essas ações são frequentemente insuficientes. Outras, quando pressionadas, removem perfis ou postagens, o que gera acusações de censura e favorecimento ideológico. Em ambos os casos, falta transparência: as decisões são tomadas sem critérios públicos claros, e não há mecanismos democráticos de contestação ou apelação acessíveis ao cidadão comum.

Por outro lado, quando governos tentam legislar sobre o funcionamento das redes, as Big Techs muitas vezes reagem com campanhas de pressão ou ameaças de retirar seus serviços. Não podemos ser ingênuos nessa parte:

> Os principais atores nos sistemas de corregulamentação da internet são os intermediários, principalmente os Provedores de Serviços de Internet (ISPs). Como Jack Goldsmith e Tim Wu observaram já em 2006: Os Provedores de Serviços de Internet são o primeiro alvo óbvio para uma estratégia de controle intermediário. Pode ser muito divertido falar da internet como um ciberespaço sem forma. Mas... por baixo de tudo isso, há uma infraestrutura física de transporte feia: fios de cobre, cabos de fibra óptica e roteadores e switches especializados que direcionam informações de um lugar para outro. O fato de, segundo John Perry Barlow, a rede não ser apenas física, mas também de propriedade de empresas que operam em localizações geopolíticas específicas, "torna os ISPs os mais importantes e óbvios guardiões da internet. Os governos podem alcançar um alto grau de controle concentrando-se nos ISPs mais importantes que atendem à maioria dos usuários da internet" (2006: 73). Isso significa que os governos podem exercer, e de fato exercem, um controle considerável tanto sobre as condições em que uma rede física tem permissão para operar quanto sobre a natureza do material que essa rede veicula (Petley, 2024, p. 312).

Isso mostra o poder desproporcional que essas empresas adquiriram, funcionando quase como o que podemos chamar de "nações digitais" com suas próprias regras. Essa resistência à regulação coloca em risco a soberania das democracias, especialmente nos países do Sul Global, que têm menos capacidade de enfrentamento jurídico e econômico.

É preciso distinguir claramente o que é regulação e o que é censura. Regular significa estabelecer limites e responsabilidades — como ocorre com qualquer meio de comunicação, empresa ou atividade econômica. Já censura é o silenciamento arbitrário, sem base legal ou direito de defesa. A ausência de regulação não protege a liberdade de expressão; ao contrário, permite que ela seja manipulada por interesses privados, que decidem quem aparece, quem lucra e quem é excluído do debate.

A responsabilidade social das Big Techs não pode mais ser ignorada. Elas precisam ser parte da solução, assumindo compromissos firmes com a transparência algorítmica, a moderação responsável de conteúdo e a proteção dos usuários vulneráveis. Além disso, devem cooperar com instituições democráticas na construção de regras claras e eficazes, que promovam o bem comum e não apenas o lucro.

Cabe também à sociedade civil, à imprensa e às instituições acadêmicas exercerem vigilância crítica sobre o papel dessas empresas. A construção de uma esfera pública digital justa e plural exige que todos os atores envolvidos (privados, públicos e sociais) atuem com responsabilidade, clareza de princípios e compromisso com a democracia. A omissão das Big Techs já custou muito. O futuro exige ação, equilíbrio e coragem.

QUANDO A LIBERDADE DE UM FERE A DIGNIDADE DO OUTRO.

O equilíbrio entre direitos fundamentais: expressão x dignidade, opinião x respeito, crítica x preconceito

O DEBATE SOBRE LIBERDADE DE EXPRESSÃO, QUANDO CONFRONTADO com outros direitos fundamentais, revela um dos maiores desafios das sociedades democráticas contemporâneas. A tensão entre a liberdade de dizer e o direito de não ser ferido por esse dizer exige uma reflexão madura e profunda.

Expressar opiniões é essencial para o desenvolvimento de uma sociedade plural, mas é como temos enfatizado: isso não pode ser feito às custas da dignidade de indivíduos ou grupos vulneráveis. Nesse sentido, o presente capítulo examina o delicado equilíbrio entre direitos que, embora igualmente fundamentais, podem colidir quando exercidos de forma irresponsável.

Com o advento das redes sociais, o alcance das palavras se multiplicou exponencialmente, e o impacto de uma opinião pode atingir proporções devastadoras. Comentários que outrora ficariam restritos a pequenos círculos, hoje viralizam e se tornam instrumentos de violência simbólica. Essa nova realidade intensifica o debate sobre os limites da liberdade de expressão, principalmente quando ela passa a justificar discursos de ódio, intolerância e desumanização.

A convivência democrática exige que os direitos fundamentais coexistam de maneira harmônica. Nenhum direito é absoluto, e o princípio da proporcionalidade se torna essencial para avaliar situações de conflito entre eles. A liberdade de expressão deve ser preservada como um valor caro à democracia, mas precisa reconhecer os limites éticos e legais impostos pela dignidade humana. Quando a opinião se transforma em agressão, perde seu caráter de contribuição ao debate público.

A jurisprudência brasileira, especialmente do Supremo Tribunal Federal, tem evoluído no sentido de ponderar essas tensões. Há um entendimento crescente de que o direito à liberdade não pode servir de escudo para discursos discriminatórios. O desafio é traçar linhas claras sem incorrer em censura, estabelecendo critérios objetivos para distinguir opinião de ofensa e crítica de preconceito.

Assim, exploraremos casos concretos, princípios constitucionais, e reflexões filosóficas e jurídicas que ajudam a construir uma visão equilibrada sobre o tema. O objetivo é fornecer ferramentas analíticas que permitam identificar quando um discurso ultrapassa o limite da liberdade para adentrar o território da violação. A linha é sutil, mas seu discernimento é vital para a manutenção de um espaço público saudável.

Mais do que discutir apenas o aspecto legal, este capítulo propõe uma abordagem ético-humanista. Como sociedade, precisamos cultivar uma cultura de escuta e empatia, onde a divergência não seja confundida com hostilidade. A liberdade de expressão deve caminhar junto com a responsabilidade de fala. Falar é um direito; ferir, não. E é nesse campo que se joga o futuro da convivência democrática.

Dessa forma, nos propomos a responder uma pergunta urgente: como preservar a liberdade de expressão sem permitir que ela se torne instrumento de exclusão, violência e desrespeito? É um desafio complexo, mas inevitável para qualquer sociedade que valorize a dignidade da pessoa humana como pilar civilizatório.

A colisão de direitos fundamentais: expressão x dignidade humana

A democracia pressupõe a coexistência de diversos direitos fundamentais, e entre eles se destacam a liberdade de expressão e a dignidade da pessoa humana. Embora ambos estejam garantidos na Constituição brasileira e em diversas cartas internacionais de direitos humanos, nem sempre convivem pacificamente.

O direito à liberdade de expressão precisa ser equilibrado com outros princípios igualmente fundamentais. Esse equilíbrio, porém, nem sempre é fácil de alcançar, especialmente em contextos marcados por polarização ideológica, que temos experimentado acentuadamente nos últimos anos.

> ...na Europa, o direito à liberdade de expressão consagrado na Convenção Europeia dos Direitos Humanos (CEDH) é qualificado, o qual afirma que o exercício desta liberdade, "uma vez que acarreta deveres e responsabilidades, pode estar sujeito a tais formalidades, condições, restrições ou penalidades prescritas por lei e necessárias numa sociedade democrática". Assim, por exemplo, o direito dos meios de comunicação social à liberdade de expressão consagrado no Artigo 10 precisa de ser ponderado em relação ao direito das pessoas à privacidade (Artigo 8) ou ao seu direito a um julgamento justo (Artigo 6). Esta é uma concepção de liberdade de expressão, na internet e noutros locais, que se preocupa não só com a liberdade de interferência governamental, mas também com os danos causados por interesses comerciais cujo domínio de mercado pode, na verdade, restringir a gama de meios de comunicação social oferecidos às pessoas e, assim, equivaler a uma forma de censura de mercado (Petley, 2024, p. 311).

A dificuldade aumenta quando se considera que a liberdade de expressão é frequentemente invocada para proteger discursos controversos, críticos ou impopulares. O desafio está em discernir quando a crítica social legítima deixa de ser um instrumento de transformação e se torna um veículo de exclusão, humilhação ou violência simbólica.

A jurisprudência do Supremo Tribunal Federal tem buscado consolidar entendimentos que resguardem tanto a livre manifestação de pensamento quanto os direitos à honra, imagem e dignidade. Em diversos julgados, o STF afirmou que o discurso de ódio não é protegido pela liberdade de expressão, pois compromete valores democráticos e põe em risco a integridade moral e psicológica das vítimas.

Assim, reafirma-se que o direito à expressão não é absoluto, e encontra seus limites na proteção de outros direitos fundamentais. E essa colisão de direitos também é frequentemente enfrentada pela mídia, pelo judiciário e pelas plataformas digitais, que precisam avaliar quando remover ou não conteúdos ofensivos.

A ausência de critérios objetivos pode gerar acusações de censura ou, inversamente, de omissão. Em alguns casos, esses dois lados parecem irmãos gêmeos. Por isso, torna-se essencial desenvolver instrumentos e parâmetros claros que ajudem a decidir, caso a caso, como mediar esses conflitos com base nos princípios constitucionais.

Além disso, a sociedade civil tem um papel importante nesse processo, denunciando o que parece ser excessivo. Organizações de direitos humanos, educadores, comunicadores e influenciadores podem contribuir para o debate público, promovendo uma cultura de respeito sem abrir mão da crítica. O reconhecimento de que todos temos o direito de falar, mas também o dever de ouvir e considerar o impacto de nossas palavras, é essencial para fortalecer uma convivência democrática mais saudável e justa.

Ainda salientamos que é importante lembrar que a liberdade de expressão, embora essencial à democracia, não existe em um vácuo ético. Quando uma manifestação fere a dignidade de alguém, o discurso deixa de ser apenas liberdade e passa a ser uma forma de poder exercido de maneira irresponsável. Acreditamos que proteger a dignidade humana não é censurar vozes, mas construir um espaço público onde todas as vozes possam existir sem medo de serem feridas ou silenciadas por outras.

Casos emblemáticos de abusos cometidos sob o pretexto da "opinião"

A alegação de que determinada fala é apenas uma "opinião" tem sido frequentemente usada como escudo para justificar discursos ofensivos, discriminatórios ou até mesmo criminosos. Em diversos casos no Brasil e no mundo, figuras públicas, políticos, influenciadores e até jornalistas proferiram falas que ultrapassaram o limite da crítica legítima e adentraram o campo da ofensa, do preconceito e da incitação ao ódio. Ao serem questionados, a resposta recorrente é a defesa da liberdade de expressão, como se esse direito autorizasse qualquer tipo de manifestação, independentemente de seus efeitos.

Um caso que ganhou repercussão no Brasil foi da fala extremamente infeliz de Arthur do Val, em 2022, quando insinuou que as mulheres ucranianas são fáceis para relacionamento sexual porque são pobres. O caso acabou trazendo nota de repúdio do partido político que Arthur estava associado. No entanto, ao invés de tomarem medidas punitivo-educativas ao parlamentar, aproveitaram para criar narrativas políticas permeadas de polarização, como narra e cita em fonte primária, o jornalista Calejon:

> Ao final [da nota], o movimento chama "lulistas e bolsonaristas" de "aproveitadores". "Aos aproveitadores, lulistas e bolsonaristas, que viram nesse ocasião apenas um motivo para nos atacar, devemos reiterar que nada impedirá o MBL de continuar seu trabalho em prol da terceira via, de uma alternativa aos projetos políticos criminosos do PT e de Bolsonaro", escreveu o grupo (Calejon, 2022).

Também há situações em que críticas religiosas viram escárnio e ofensa. A crítica construtiva a práticas religiosas é um direito legítimo dentro de uma sociedade plural, mas ataques que ridicularizam símbolos, crenças ou fiéis de forma sistemática ultrapassam o direito de expressão. Episódios de zombarias públicas contra minorias religiosas, como evangélicos ou praticantes de religiões afro-brasileiras, ilustram o quanto a liberdade de expressão pode ser deturpada para propagar intolerância.

Casos como esses não devem ser usados para defender censura prévia, mas para reafirmar que todo direito encontra limites quando começa a ferir o direito do outro. Quando a "opinião" se torna instrumento de agressão, ela perde sua legitimidade democrática e deve ser questionada judicial, ética e socialmente. A responsabilização proporcional ao dano causado é fundamental para coibir abusos e proteger as bases do respeito mútuo.

A recorrência de tais casos exige uma reflexão crítica da sociedade e dos formadores de opinião. A banalização da palavra "opinião" como sinônimo de licença para tudo desfigura o debate público e enfraquece o espaço comum da democracia. Reconhecer os limites da liberdade de expressão não significa cercear pensamentos, mas promover uma convivência mais ética, segura e respeitosa.

Como diferenciar crítica construtiva de preconceito institucionalizado

Distinguir uma crítica construtiva de um preconceito institucionalizado é um dos grandes desafios da convivência democrática contemporânea. Críticas fazem parte do processo de amadurecimento social, político e cultural. Elas ajudam a identificar falhas, questionar poderes e propor mudanças. A olhar para o *status quo* com intencionalidade de mudanças.

No entanto, quando essas críticas são sistematicamente dirigidas a determinados grupos, com base em estereótipos, generalizações ou desprezo, elas deixam de ser uma contribuição ao debate e se tornam expressões de preconceito travestido de opinião.

A crítica construtiva se baseia em argumentos, evidências e busca o aprimoramento de ideias, instituições ou comportamentos. Ela não nega a dignidade das pessoas envolvidas nem as reduz a uma identidade negativa. Já o preconceito institucionalizado opera de forma estrutural, sustentando discursos e práticas que marginalizam, inferiorizam ou desumanizam certos grupos.

Ele se reproduz por meio da linguagem, da mídia, da educação e até mesmo do sistema jurídico, frequentemente sob o disfarce da "liberdade de expressão". No entanto, o espaço virtual pode e precisa ser um espaço para críticas que visem, de fato, transformar o *status quo*. Amorim, tem o desejo que compartilhamos:

> E que seja o espaço de construção e promoção dos diálogos construtivos, no qual o encontro com o outro permita a "crítica de si" e promova a abertura para a "outridade" que constitui a nossa subjetividade. A esperança é superar um estado de solidão que nos prende em labirintos para que o interesse público seja formado respeitando nossos mais autênticos desejos (Amorim, 2013, p. 50).

É comum que críticas a políticas públicas voltadas a minorias sejam feitas com base em informações distorcidas ou enviesadas, criando uma falsa aparência de racionalidade. Por exemplo, quando se critica o sistema de cotas raciais afirmando que ele "fere a meritocracia", sem reconhecer a desigualdade histórica e estrutural, o que se está promovendo não é um debate honesto, mas a manutenção de privilégios sob o disfarce de igualdade formal.

Outro sinal de que um discurso deixou de ser crítica legítima e se tornou preconceituoso é a repetição de frases feitas, chavões ou discursos de ódio historicamente utilizados contra determinados grupos.

A crítica construtiva escuta, dialoga, propõe caminhos. O preconceito institucionalizado fecha o debate, exclui a alteridade, naturaliza a desigualdade. Em uma sociedade plural, é possível discordar respeitosamente de ideias, práticas e políticas — mas não é aceitável negar a humanidade, a dignidade ou os direitos fundamentais de nenhum grupo sob qualquer pretexto.

É preciso também considerar o lugar de fala e a experiência dos grupos atingidos. O que pode parecer "inofensivo" ou "só uma crítica" para quem está em uma posição de privilégio pode ser profundamente violento para quem historicamente sofre opressão. Por isso, diferenciar crítica de preconceito exige empatia, escuta ativa e sensibilidade ética. É preciso humanizar os debates.

Instituições educacionais, jornalísticas e judiciais têm papel crucial nessa distinção. Elas devem promover a cultura da crítica responsável, que contribui para a justiça social e o aprimoramento democrático, e coibir manifestações que, embora se apresentem como opinião, perpetuam desigualdades históricas e ferem a dignidade de populações inteiras. O desafio é formar cidadãos capazes de criticar com responsabilidade e construir com respeito.

A dignidade como limite ético e jurídico à liberdade de expressão

A dignidade da pessoa humana é um dos pilares dos direitos fundamentais e constitui um limite legítimo à liberdade de expressão. Em sociedades democráticas, o direito de se expressar é garantido como instrumento de participação política, crítica social e liberdade individual. No entanto, como temos salientado, essa liberdade não é absoluta.

Quando o exercício da expressão atinge ou degrada a dignidade de outras pessoas ou grupos, precisamos nos questionar se ela não está deixando de ser um direito legítimo e passando a ser um abuso; se for o último caso, precisamos ter consciência de que é passível de responsabilização ética, social e jurídica.

A dignidade funciona como um balizador, um princípio que orienta até onde a liberdade pode ir sem se transformar em violência simbólica ou verbal. A Constituição de muitos países, como o Brasil, coloca a dignidade como fundamento da República e critério de interpretação dos demais direitos. Fernandes explica:

> ...um evento que se apresente como cultural, mas que contenha discurso de ódio não constitui exercício de liberdade de expressão, pode e deve ser obstado. Mas o intérprete deve ter o cuidado para não impedir, sob o argumento de proteção a valores que não preponderam em nosso ordenamento, o acesso a bens culturais que apenas lhe desagradam. Em virtude da elevada amplitude da liberdade de expressão e de nosso ordenamento consagrar o pluralismo, a restrição deve ocorrer somente nos casos concretos em que valores fundamentais mais importantes estejam sendo violados, como, por exemplo, em tutela de direitos de personalidade, que servem à concretização da dignidade da pessoa humana (Fernandes, 2021, p. 276).

Isso significa que qualquer manifestação — mesmo travestida de humor, opinião ou crítica — que tenha por efeito humilhar, degradar, inferiorizar ou promover a exclusão de pessoas com base em características como raça, gênero, religião, orientação sexual ou condição social, ultrapassa os limites da legalidade.

No plano jurídico, diversas cortes constitucionais, como o Supremo Tribunal Federal no Brasil e o Tribunal Europeu dos Direitos Humanos, têm reiteradamente afirmado que o discurso de ódio e o ataque à dignidade humana não estão protegidos pela liberdade de expressão.

O argumento central é que não se pode invocar um direito para negar ou violar outro, especialmente aquele que constitui a base da convivência democrática: o reconhecimento da dignidade de todos. O direito de um não termina onde começa o desrespeito ao outro. Os direitos são concomitantes, são iguais. Senão, cometemos acepção de pessoas.

Esse limite é também ético, e não apenas legal. Mesmo que determinada fala não configure crime ou ilícito, ela pode ser moralmente inaceitável por atentar contra a condição humana de alguém. O respeito à dignidade exige sensibilidade, consciência histórica e responsabilidade comunicacional.

Em ambientes digitais, onde a impulsividade é incentivada e a empatia muitas vezes desaparece atrás de telas anônimas, essa dimensão ética é frequentemente ignorada. Sem contar os vários casos em que as pessoas ofendidas acabam levando efeitos devastadores sobre a vida, sendo expostos ou ridicularizados.

A dignidade é ferida, por exemplo, quando alguém é *ridicularizado* publicamente por sua aparência, sotaque, deficiência, identidade de gênero ou histórico pessoal. Quando uma criança é vítima de bullying online, quando uma mulher é sexualmente exposta por "vingança", ou quando um religioso é constantemente alvo de zombarias baseadas em estereótipos, não se trata de liberdade de expressão, mas de agressão à dignidade.

A incorporação da dignidade como limite à expressão não impede o humor, a crítica ou o protesto. Não é disso que estamos falando! Ao contrário, essa premissa qualifica esses atos, tornando-os socialmente responsáveis e mais potentes. Um discurso que respeita a dignidade do outro não se torna menos incisivo ou questionador; ele apenas se recusa a perpetuar humilhações, ódios e exclusões. Essa perspectiva o eleva a um patamar mais justo e construtivo.

Promover uma cultura de expressão com dignidade significa educar para o respeito, a escuta e a empatia. Significa lembrar que palavras constroem mundos, mas podem destruir veementemente. Se queremos uma sociedade plural, crítica e democrática, precisamos de liberdade de expressão, sim, mas de uma liberdade que reconheça no outro não um alvo, mas um semelhante. Esse é o verdadeiro compromisso ético que deve acompanhar o direito de falar.

O desafio de uma convivência democrática com respeito às diversidades

Conviver em uma sociedade democrática pressupõe reconhecer e respeitar a diversidade como um valor, não como um obstáculo. A democracia só é plena quando todos os cidadãos, independentemente de suas origens, crenças, orientações, identidades ou condições, podem participar igualmente da vida pública e expressar suas ideias com liberdade e segurança.

Esse ideal, no entanto, enfrenta grandes desafios quando a liberdade de expressão é usada para atacar as próprias bases da convivência plural, promovendo intolerância, discriminação ou exclusão. O respeito à diversidade não é uma concessão, mas um princípio constitutivo da democracia moderna. Isso implica reconhecer que a sociedade é composta por grupos historicamente marginalizados ou silenciados, cuja dignidade deve ser protegida.

O exercício da liberdade de expressão, nesse contexto, exige responsabilidade: não se trata apenas de poder dizer, mas de saber o que se diz, a quem se diz e com que efeitos. Falar em nome da liberdade não pode servir como escudo para promover discursos que ameaçam ou anulam a liberdade do outro. Essa noção de diversidade não é perspectiva apenas de visões de mundo da esquerda. Warburton explica que també a direita pensa assim:

> ...é um princípio basilar do liberalismo que se você está comprometido com a liberdade de expressão e com a tolerância da diversidade, então você não deve censurar nenhuma visão apenas porque você entende que ela é ofensiva, deselegante, trivial ou porque você discorda dela, ou porque ela é moralmente repugnante para você. Isso seria prejulgá-la antes que ela tivesse a oportunidade de contribuir para o debate (Warburton, 2020, p. 66).

Ou seja, a convivência democrática exige, portanto, uma ética da alteridade: a capacidade de considerar a perspectiva do outro como legítima e digna de escuta. Isso é especialmente importante nas interações digitais, onde as redes sociais tendem a amplificar polarizações e reduzir o espaço do diálogo. A intolerância se multiplica quando as diferenças são vistas como ameaças, e não como riquezas.

Essa visão estreita da sociedade mina o próprio tecido democrático e fortalece discursos autoritários que se alimentam da exclusão. Promover o respeito à diversidade também significa combater estruturas simbólicas que sustentam preconceitos institucionalizados. Isso inclui rever piadas, ditados, tradições e expressões que, ainda que naturalizadas, reproduzem estigmas contra negros, mulheres, indígenas, pessoas com deficiência ou outras minorias.

A linguagem molda a percepção, e quando ela carrega ódio ou desrespeito, ela contribui para a manutenção de desigualdades. A convivência democrática exige uma linguagem que liberta, não que oprime. E o papel da educação nesse processo é fundamental.

Desde cedo, é necessário ensinar o valor da empatia, da escuta ativa e do pensamento crítico, preparando cidadãos não apenas para argumentar, mas para conviver com o contraditório sem apelar à violência simbólica. A escola, a mídia, os líderes políticos e religiosos e as plataformas digitais têm responsabilidade conjunta na construção de uma cultura pública de respeito, em que a liberdade e a diversidade caminhem juntas.

Ainda que a divergência de opiniões seja saudável e inerente à democracia, o embate de ideias não pode se transformar em campo de guerra. A diferença entre crítica e ataque, entre debate e desrespeito, precisa ser constantemente delimitada. Esse equilíbrio é difícil, mas necessário. Ele se constrói por meio de pactos sociais, legislações claras, educação para a convivência e, sobretudo, pela disposição ética de cada pessoa em não tratar o outro como inimigo apenas porque ele é diferente.

Uma sociedade democrática com respeito às diversidades é uma sociedade mais justa, mais rica e mais humana. Não se trata de abolir o conflito, mas de lidar com ele de maneira civilizada, construtiva e solidária. O verdadeiro desafio não é proteger a liberdade de expressão a qualquer custo, mas protegê-la de ser usada contra aquilo que ela mesma deve preservar: a dignidade de todos. É nesse ponto que a liberdade encontra seu verdadeiro sentido: no reconhecimento mútuo entre iguais, ainda que profundamente diferentes.

EDUCAÇÃO PARA A CONVIVÊNCIA E O DIÁLOGO.

A importância da formação crítica e ética para lidar com divergências sem recorrer ao ódio

VIVEMOS EM UMA ERA MARCADA PELA VELOCIDADE DA INFORMAÇÃO. Algo que ocorre do outro lado do mundo chega a nós em fração de segundos. Não precisamos mais esperar uma notícia no telejornal. Ela é rapidamente propagada pela Internet. Também somos marcados pela pluralidade de vozes e pela constante exposição a discursos conflitantes.

Nesse contexto, torna-se fundamental desenvolver uma educação voltada à convivência democrática e ao diálogo respeitoso. A liberdade de expressão, direito inalienável em sociedades democráticas, precisa ser exercida com responsabilidade e consciência do impacto que as palavras podem ter sobre o outro. Assim, o papel da educação ganha relevo, pois é por meio dela que indivíduos podem ser formados para pensar criticamente, ouvir com empatia e dialogar com maturidade.

Ao mesmo tempo, o crescimento da intolerância, da polarização e dos discursos de ódio nas redes sociais aponta para uma fragilidade na formação ética dos cidadãos. Isso evidencia uma lacuna na educação para a convivência e no desenvolvimento de competências socioemocionais e comunicacionais. Não basta ensinar conteúdos acadêmicos: é necessário formar pessoas capazes de lidar com divergências sem recorrer à agressão ou ao cancelamento.

A construção de uma sociedade mais pacífica e inclusiva depende diretamente da capacidade de lidar com as diferenças. Em um mundo marcado por múltiplas identidades, crenças, origens e visões de mundo, aprender a conviver é tão importante quanto aprender a ler e escrever. Isso implica reconhecer que a diversidade é um valor e não uma ameaça, e que o diálogo é uma via de mão dupla, que exige disposição para ouvir e para ser ouvido.

Neste capítulo, propomos refletir sobre os caminhos para uma educação voltada à cultura da paz e da responsabilidade cidadã. Isso inclui desenvolver a escuta ativa, a interpretação crítica das informações que circulam na mídia e o respeito à alteridade. A formação ética e crítica se torna, então, um antídoto necessário contra o ódio e o preconceito que se disseminam, muitas vezes de forma disfarçada, sob o manto da "liberdade de opinião".

Serão analisados também o papel da escola e da universidade como espaços privilegiados para o exercício do diálogo e para o aprendizado da convivência. Essas instituições têm o potencial de transformar as próximas gerações, promovendo não apenas o conhecimento técnico, mas também a consciência cidadã e o compromisso com a dignidade humana.

Além disso, será discutida a importância da educação midiática, que permite ao indivíduo desenvolver habilidades para interpretar e filtrar criticamente os discursos aos quais é exposto, evitando ser manipulado por *fake news*, preconceitos e ideologias nocivas. Num cenário de saturação informacional, essa competência é vital.

Por fim, abordaremos propostas concretas para construir uma cultura de paz e de diálogo em ambientes diversos, seja na internet, na escola, na família ou nas instituições públicas. Essa construção passa por escolhas cotidianas que afirmam a humanidade do outro e rejeitam a banalização do desrespeito, do preconceito e da exclusão simbólica.

A importância da formação ética e crítica na era digital

Na era digital, em que a informação circula de forma instantânea e descontrolada, a formação ética e crítica torna-se uma necessidade urgente. As redes sociais e plataformas digitais ampliaram o alcance da voz individual, mas nem sempre acompanharam esse poder com a formação necessária para seu uso consciente. O cidadão contemporâneo precisa ser preparado não apenas para consumir conteúdos, mas para analisá-los com discernimento, avaliando suas intenções, implicações e veracidade.

Essa formação não diz respeito somente ao ensino de regras morais abstratas, mas envolve a capacidade de se posicionar diante de dilemas, respeitando a dignidade alheia e assumindo a responsabilidade por suas palavras e ações. O ambiente digital desafia continuamente os limites entre liberdade e agressão, entre crítica e ofensa. Uma educação ética e crítica permite reconhecer essas fronteiras e agir com sensatez, mesmo diante de discursos provocativos ou polarizadores. Ommati contribui:

> Essa unidade e essa independência do valor se constroem a partir de uma estrutura semelhante a uma árvore. Assim, inicia-se com a Ética, passando-se para a Moral, depois para a Moral Política e, por fim, para o Direito. A Ética [...] está relacionada às questões de viver bem, da felicidade individual; já a Moral relaciona-se com as questões da vida boa, ou seja, do que eu devo aos outros; a Moral Política diz respeito ao conjunto de normas que devem reger uma comunidade política entendida como comunidade de princípios; por fim, o Direito pretende estabelecer normas que devem ser cumpridas por todos para compatibilizar todos esses enfoques. Assim, embora esses diversos ramos sejam autônomos em algum sentido, a compreensão de um deles depende da compreensão dos demais. Essa é a noção de interdependência dos valores (Ommati, 2013, p. 114).

O pensamento crítico, aliado à empatia, constitui uma defesa contra o discurso de ódio e as manipulações que circulam em diferentes formatos e linguagens. Em tempos de *deepfakes*, *fake news* e algoritmos que reforçam vieses, saber pensar por conta própria e considerar a perspectiva do outro são habilidades fundamentais. Elas não surgem espontaneamente, mas precisam ser cultivadas por meio de práticas pedagógicas consistentes.

A formação ética também estimula o senso de responsabilidade social, mostrando que cada ação no meio digital tem consequências concretas na vida das pessoas. Comentários ofensivos, compartilhamento de mentiras ou engajamento com conteúdos violentos não são meras escolhas individuais, mas atos que contribuem para a construção ou destruição do tecido social. Nesse sentido, educar para a ética é educar para a convivência.

O papel da educação é ampliar horizontes e desafiar certezas absolutas. Em vez de formar replicadores de opinião, ela deve incentivar o questionamento, a dúvida saudável e a abertura ao diálogo. A ética, por sua vez, serve como guia para esse processo, ajudando a orientar as decisões pessoais e coletivas em meio a contextos cada vez mais complexos.

A era digital exige uma nova alfabetização, que vá além da leitura e da escrita: trata-se de uma alfabetização moral e crítica, capaz de lidar com a avalanche de informações e com as dinâmicas tóxicas das redes. Formar cidadãos éticos é dar a eles instrumentos para resistir à lógica do espetáculo, da humilhação e da intolerância, tão comuns no ambiente online.

Portanto, investir na formação ética e crítica é investir em democracia, em civilidade e em dignidade. É preparar as pessoas não apenas para conviver com as diferenças, mas para valorizá-las e aprender com elas. Essa formação é o caminho mais seguro para superar os discursos de ódio e construir uma sociedade mais justa, solidária e plural.

O papel da escola e da universidade no ensino do respeito à alteridade

A escola e a universidade ocupam um lugar privilegiado na formação das novas gerações e, por isso, têm uma responsabilidade decisiva na promoção do respeito à alteridade. Esses espaços não são apenas transmissores de conteúdo, mas ambientes de convivência onde se constroem valores, visões de mundo e atitudes diante da diversidade.

Em uma sociedade cada vez mais plural e contemporânea, aprender a respeitar o outro — em sua cultura, identidade, crença, condição social e visão política — é tão essencial quanto aprender a ler ou resolver problemas matemáticos.

O respeito à alteridade não se aprende apenas por meio de discursos teóricos, mas sobretudo por experiências concretas de convivência com a diferença. Nesse sentido, ambientes educacionais inclusivos, com espaço para escuta, diálogo e pluralidade de vozes, são fundamentais. É necessário que o currículo, as práticas pedagógicas e a cultura institucional favoreçam a valorização da diversidade e não a sua negação ou silenciamento.

Porém, o valor dado à escola (bem como a outras instituições outrora basilares) tem diminuído:

> Uma comparação da importância histórica de diferentes instituições sociais no processo de socialização revelará que a família, as igrejas, a escola e os grupos de amigos vêm crescentemente perdendo espaço para a mídia que se transformou no "educador coletivo" onipresente (Lima, Guimarães, 2013, p. 7).

É preciso resgatar tal importância, pois a escola pode desempenhar um papel ativo ao combater estereótipos e preconceitos que muitas vezes são reforçados nas mídias ou nas próprias famílias. Ao apresentar perspectivas múltiplas sobre história, literatura, religião, gênero, entre outros temas, ela possibilita que os estudantes desenvolvam empatia e senso crítico. A universidade, por sua vez, tem o dever de aprofundar essas discussões, formando profissionais conscientes de seu papel social e de sua responsabilidade ética.

Além disso, professores e gestores devem ser exemplos vivos do respeito à diferença, não apenas em suas falas, mas em suas atitudes cotidianas. O modo como conflitos são mediados, como opiniões divergentes são tratadas e como os estudantes são acolhidos diz muito sobre os valores que a instituição transmite. O respeito à alteridade começa com o respeito às vozes dos próprios alunos e alunas, que devem se sentir ouvidos e valorizados.

Em tempos de polarização e discursos radicais, o ambiente escolar e universitário pode e deve funcionar como um contrapeso, promovendo o pensamento complexo, a escuta ativa e o reconhecimento mútuo. Não se trata de impor um pensamento único, mas de garantir que todas as vozes tenham espaço legítimo para se expressar dentro dos marcos do respeito mútuo e da ética do cuidado.

Projetos interdisciplinares, rodas de conversa, debates mediados e ações voltadas à inclusão são práticas que favorecem o ensino do respeito à alteridade. A educação antidiscriminatória e a valorização de diferentes culturas, histórias e perspectivas devem estar presentes de maneira transversal em toda a experiência educacional. Isso contribui para formar cidadãos mais abertos, tolerantes e preparados para o convívio democrático.

Por fim, tanto a escola quanto a universidade devem ser espaços de resistência contra a banalização do preconceito, do discurso de ódio e da exclusão. Ao ensinar o respeito à alteridade, elas ajudam a consolidar uma sociedade onde as diferenças não sejam motivo de medo ou hostilidade, mas fontes de aprendizado, crescimento e enriquecimento mútuo.

A prática da escuta ativa e do debate respeitoso como ferramentas sociais

A escuta ativa é uma habilidade fundamental para a convivência democrática e o fortalecimento dos laços sociais. Em um mundo saturado por vozes que querem ser ouvidas, escutar com atenção, empatia e disposição para compreender o outro tornou-se um ato revolucionário.

Praticar a escuta ativa significa ir além de ouvir passivamente: é acolher o discurso do outro sem interromper, sem formular uma resposta apressada, e sem reduzir a fala alheia à nossa própria perspectiva. Essa postura é essencial para criar pontes em meio à diversidade de opiniões, valores e experiências.

Nas relações cotidianas, tanto no ambiente educacional quanto no social e familiar, a escuta ativa ajuda a reduzir mal-entendidos e conflitos. Quando as pessoas se sentem ouvidas com respeito, tendem a baixar as defesas e a se abrirem para o diálogo.

Isso vale especialmente em contextos de divergência, em que o impulso mais comum é o de rebater ou “vencer” o outro em um embate argumentativo. A escuta ativa, ao contrário, desloca o foco da vitória para a compreensão, da imposição para a construção conjunta de significados.

O debate respeitoso, por sua vez, é a continuação natural da escuta ativa. Ele pressupõe a disposição de apresentar ideias com clareza e firmeza, mas sem recorrer à agressividade, à desqualificação pessoal ou ao uso de rótulos. Ele privilegia a dialogia.

É possível defender com vigor uma posição sem desrespeitar quem pensa diferente. O verdadeiro debate democrático não é um duelo de opiniões, mas uma troca construtiva que permite revisar argumentos, reconhecer limites e, eventualmente, até mudar de ideia. Até porque:

> Comprometer-se à liberdade de expressão implica proteger o discurso que você não quer escutar, bem como o discurso que você quer. Esse princípio está no coração da democracia, é um direito humano básico, e sua proteção é uma característica de uma sociedade civilizada e tolerante (Warnurton, 2020, p. 8-9).

Para que a escuta ativa e o debate respeitoso se tornem práticas sociais amplas, é necessário educar desde cedo para essas habilidades. A escola pode ser um espaço privilegiado para isso, com atividades que incentivem o diálogo, a mediação de conflitos, o trabalho em grupo e a valorização da fala de todos. Professores e professoras têm um papel-chave ao modelarem essas atitudes em sala de aula e ao reconhecerem, legitimamente, as diferentes formas de expressão dos estudantes.

Na esfera pública, o cultivo dessas práticas pode contribuir para a redução da polarização e da hostilidade que marcam muitos debates contemporâneos. As redes sociais, por exemplo, poderiam ser espaços de trocas mais saudáveis se a cultura da escuta e do respeito fosse incentivada.

Infelizmente, o que se vê muitas vezes é o contrário: ataques, silenciamentos e linchamentos virtuais, em vez de escuta e debate. Por isso, educar para essas habilidades é também uma forma de resistir ao empobrecimento do espaço público.

É importante ressaltar que escutar ativamente não significa concordar com tudo, nem deixar de criticar ou questionar. Do mesmo modo, debater com respeito não significa omitir discordâncias. Pelo contrário, é justamente a combinação de escuta atenta com argumentação firme e ética que permite o florescimento de um verdadeiro diálogo. A democracia se sustenta na convivência de diferentes visões, e isso exige a disposição de ouvir e falar com maturidade.

Outrossim, a escuta ativa e o debate respeitoso não são apenas estratégias de convivência, eles são fundamentos éticos de uma sociedade pluralista e democrática. Cultivá-los é um ato de responsabilidade cidadã e uma forma de reconhecer a dignidade do outro, mesmo quando há discordância. Ao educar para essas práticas, estamos investindo na construção de uma cultura do diálogo, da paz e da justiça social. Mas, como podemos ser mais propositivos com relação à educação nas mídias mencionadas?

Educação midiática: como interpretar e filtrar informações e discursos

Na era da informação digital, onde o fluxo de dados é intenso e muitas vezes caótico, a educação midiática surge como uma ferramenta essencial para o cidadão moderno. Saber interpretar e filtrar as informações que circulam nas redes sociais, sites, aplicativos e meios de comunicação é fundamental para evitar a desinformação, as *fake news* e a manipulação ideológica.

Quando falamos de educação midiática, não estamos meramente falando de ensinar a usar a tecnologia, mas em desenvolver um olhar crítico e reflexivo sobre o conteúdo que recebemos e compartilhamos. Esse tipo de formação envolve habilidades para reconhecer fontes confiáveis, entender o contexto de uma notícia ou discurso, identificar discursos de ódio disfarçados de opinião e analisar a intenção por trás da produção de um conteúdo.

Ao aprender a questionar a veracidade e o propósito das mensagens, o indivíduo se torna menos suscetível a aceitar passivamente informações que podem ser prejudiciais ou falsas, contribuindo para um ambiente informativo mais saudável.

Além disso, a educação midiática estimula a consciência sobre o funcionamento dos algoritmos e das plataformas digitais, que selecionam e priorizam conteúdos com base em padrões que nem sempre favorecem a diversidade e a verdade. Saber como esses mecanismos operam ajuda a entender por que certas mensagens se tornam virais e outras permanecem invisíveis, muitas vezes reforçando bolhas ideológicas e polarizações.

É igualmente importante compreender o impacto emocional e social que a exposição contínua a conteúdos negativos pode causar. A educação midiática orienta para o uso saudável da tecnologia, ajudando a estabelecer limites para o consumo de informações e a evitar a exposição a discursos agressivos que alimentam o ódio e a intolerância.

No âmbito escolar e universitário, incorporar a educação midiática no currículo é preparar estudantes para o exercício pleno da cidadania no século XXI. Isso inclui desenvolver projetos que estimulem a produção crítica de conteúdos, a verificação de fatos (*fact-checking*) e o debate sobre ética digital. Uma população bem informada e crítica é a melhor defesa contra manipulações e discursos que ameaçam a democracia.

Podemos dizer, a partir do que discutimos até aqui, que a educação midiática não é um complemento curricular, uma forma de embelezar a grade de disciplinas e tampouco um caminho para o politicamente correto, mas um componente central da formação cidadã contemporânea.

Ela capacita o indivíduo a navegar com segurança e responsabilidade no vasto oceano de informações digitais, promovendo uma cultura de diálogo, respeito e busca pela verdade. Investir nessa educação é fortalecer a democracia e os direitos humanos em tempos desafiadores.

Caminhos para uma cultura da paz, do diálogo e da responsabilidade cidadã

Construir uma cultura da paz e do diálogo é um desafio coletivo que exige esforços coordenados em diversas frentes, desde a educação formal até as práticas cotidianas nas famílias, comunidades e espaços públicos. Uma cultura assim se fundamenta no respeito mútuo, na valorização das diferenças e na busca constante por soluções pacíficas para os conflitos.

Trata-se de um processo que requer o cultivo da empatia, da escuta ativa e da responsabilidade ética, formando cidadãos capazes de conviver em pluralidade sem recorrer ao ódio ou à violência simbólica. A educação desempenha papel central nesse processo, pois é nela que se formam as bases para uma convivência mais harmoniosa e justa.

Além da transmissão de conhecimentos acadêmicos, a escola e a universidade precisam incentivar o desenvolvimento das competências socioemocionais — como o autocontrole, a empatia e a cooperação — que sustentam o diálogo e a tolerância. Projetos interdisciplinares, atividades culturais e espaços de debate são estratégias eficazes para promover essa formação.

No campo da mídia e das redes sociais, é necessário fomentar ambientes que valorizem o respeito e a diversidade, ao mesmo tempo em que se combatam as práticas de discurso de ódio, *fake news* e polarização extrema. A responsabilidade das plataformas digitais na moderação de conteúdos e o papel dos usuários na denúncia de abusos são elementos importantes para conter a escalada da intolerância online.

Outro caminho fundamental é a promoção do engajamento cidadão, que estimula a participação ativa na vida pública de maneira ética e construtiva. Cidadãos bem informados, críticos e comprometidos com os valores democráticos são a base para resistir ao autoritarismo e ao discurso que divide. Isso implica também reconhecer a importância do diálogo intergeracional e intercultural, que amplia a compreensão sobre as múltiplas formas de ser e viver em sociedade.

As políticas públicas devem apoiar iniciativas que fomentem a cultura da paz e do diálogo, garantindo recursos e estruturas para educação, mediação de conflitos, inclusão social e combate à discriminação. Além disso, é preciso fortalecer as instituições democráticas para que funcionem como espaços de mediação, respeito aos direitos humanos e garantia da pluralidade.

A construção dessa cultura depende do compromisso diário de cada indivíduo em suas relações pessoais, profissionais e sociais. Praticar a gentileza, respeitar o tempo do outro, evitar discursos agressivos e estar disposto a aprender com as diferenças são atitudes simples, mas poderosas, que contribuem para transformar ambientes e fortalecer a democracia. É preciso expandir a reflexão e a dialogia:

> Esse campo reflexivo, pela ambição de seus propósitos e por sua ampla temporalidade de pesquisa, deve recusar o caminho de fazer de uma escola de pensamento uma identidade avessa ao diálogo livre. A liberdade de expressão requer a faculdade de pensar a alteridade sem aderir aos sincretismos, à mera justaposição ou combinatória de elementos diversos entre si. Por isso, é preciso fazer o diálogo, profundo e antidogmático (Guimarães, 2013, p. 54).

Em suma, cultivar uma cultura da paz, do diálogo e da responsabilidade cidadã é um investimento na humanidade compartilhada. É um caminho que exige paciência, perseverança e esperança, mas que se revela essencial para que a liberdade de expressão seja verdadeiramente um direito de todos, exercido com consciência, respeito e compromisso com o bem comum.

Comunicação não violenta como caminho propositivo para a liberdade de expressão e para o diálogo nas mídias sociais

A comunicação não violenta (CNV), desenvolvida por Marshall Rosenberg, surge como uma proposta ética e prática para transformar a forma como nos expressamos e escutamos o outro, especialmente em contextos de conflito. Ela caminha na direção de conversas respeitosas, que levam em conta a criticidade, mas sem ofender os interlocutores.

Como podemos entender melhor o conceito de comunicação não violenta? Rosenberg explica:

> O que é Comunicação "Não Violenta"?
>
> É a integração de 4 elementos:
>
> **Consciência:** um conjunto de princípios que sustentam uma vida de compaixão, colaboração, coragem e autenticidade.
>
> **Linguagem:** entender como as palavras contribuem para a conexão ou o distanciamento.
>
> **Comunicação:** saber como pedir o que queremos, como ouvir os outros mesmo em desacordo e como avançar em direção a soluções que funcionem para todos.

Meios de influência: compartilhar "poder com os outros" em vez de usar "poder sobre os outros" (Rosenberg, 2015, p. 261).

No universo acelerado e polarizado das mídias sociais, onde os diálogos facilmente se transformam em confrontos e os desacordos em ataques pessoais, a CNV oferece uma alternativa baseada na empatia, na escuta ativa e na responsabilização emocional. Em vez de reações impulsivas, ela convida à reflexão sobre as necessidades humanas por trás das falas e comportamentos, promovendo uma comunicação mais compassiva e construtiva.

A aplicação dessa perspectiva nas redes sociais é particularmente relevante diante do crescimento dos discursos hostis e da lógica do "cancelamento". As interações digitais tendem a desumanizar o outro, especialmente quando mediadas por avatares e perfis distantes.

Quando adotamos uma abordagem comunicacional que se baseia na observação sem julgamento, na expressão autêntica de sentimentos e na escuta das necessidades do outro, é possível cultivar ambientes mais respeitosos e abertos ao diálogo. A CNV não exige concordância, mas sim disposição para compreender, reconhecer e valorizar o outro enquanto sujeito.

Além de oferecer um método prático de expressão responsável, ela também amplia a liberdade de expressão ao garantir que essa liberdade não se transforme em opressão. Em outras palavras, ela aponta um caminho para exercer esse direito fundamental sem ferir a dignidade alheia, valor tão caro que temos defendido nas páginas desta obra.

Nesse sentido, a liberdade de expressão não precisa ser antagonista da empatia; ao contrário, pode ser fortalecida por ela. Um discurso empático não significa submissão ou autocensura, mas consciência sobre o impacto de nossas palavras na vida de outras pessoas.

Nesse mesmo sentido, a dialogia, conceito desenvolvido por Mikhail Bakhtin, complementa os princípios da CNV ao afirmar que todo discurso é, essencialmente, uma resposta a outro discurso. A linguagem, segundo Bakhtin, é sempre um espaço de interação, em que há escuta e resposta, tensão e construção mútua de sentido. De acordo com ele,

> O diálogo, no sentido estrito do termo, não constitui, é claro, senão uma das formas, é verdade que das mais importantes, da interação verbal. Mas pode-se compreender a palavra "diálogo" num sentido amplo, isto é, não apenas como a comunicação em voz alta, de pessoas colocadas face a face, mas toda comunicação verbal, de qualquer tipo que seja. (Bakhtin, 2012, p. 117)

Assim, a verdadeira comunicação é dialógica e relacional. Quando essa perspectiva é levada às mídias sociais, rompe-se a lógica do monólogo digital, onde falamos apenas para afirmar nossa posição, e abre-se espaço para trocas significativas.

A dialogia também nos alerta para a responsabilidade de responder eticamente ao outro, já que todo enunciado afeta e é afetado por outras vozes. A escuta ativa, elemento central da CNV, torna-se um pré-requisito para a construção de um ambiente de respeito e compreensão mútua.

Essa postura dialógica se opõe ao discurso violento que busca anular (às vezes, até destruir) o outro, substituindo-o por uma comunicação que reconhece a alteridade como valor. Em vez de impor, a perspectiva não violenta de comunicação e a dialogia propõem interagir e cocriar sentidos.

Outro aspecto importante da é sua aplicabilidade em contextos educacionais e formativos, inclusive na educação digital. Ensinar jovens e adultos a se comunicarem de forma não violenta nas redes pode reduzir conflitos, evitar a propagação de discursos discriminatórios e promover uma convivência digital mais saudável.

Três são os principais fundamentos da comunicação não violenta: pedidos, escuta e compreensão empática. Os *pedidos* são essenciais para transformar críticas ou queixas em ações concretas e respeitosas. Em vez de impor ou exigir, expressamos com clareza o que gostaríamos que o outro fizesse, com base em nossas necessidades. Pedir com empatia é diferente de manipular: é abrir espaço para a colaboração mútua.

A *escuta ativa* nos convida a ir além das palavras e perceber as emoções, intenções e necessidades por trás do que é dito. Assim, ao escutar verdadeiramente, sem julgar ou preparar uma resposta imediata, demonstramos respeito e criamos um ambiente de confiança, essencial para qualquer diálogo produtivo e não violento.

Já a *compreensão empática* busca captar o que move o outro internamente: seus medos, frustrações, desejos e esperanças. Isso exige disposição para acolher o outro sem reduzir sua fala a estereótipos ou preconceitos. Compreender é um ato de conexão profunda, que humaniza a comunicação e torna o diálogo possível mesmo em meio às divergências.

Assim, acreditamos que a comunicação não violenta e a dialogia não são apenas instrumentos de paz interpessoal, mas fundamentos de uma sociedade plural e democrática. Em tempos de intolerância e discursos extremos, como temos vivido, esses caminhos nos lembram que é possível discordar com respeito, argumentar com empatia e expressar-se sem agredir.

Mais do que evitar conflitos, trata-se de reinventar a forma como nos relacionamos por meio da linguagem, (re)construindo juntos um espaço público em que a liberdade de expressão seja também liberdade para conviver, liberdade para nos relacionarmos, liberdade para pensarmos, liberdade para discordarmos com respeito.

CONCLUSÃO: O FUTURO DA LIBERDADE DE EXPRESSÃO EM UMA SOCIEDADE PLURAL

Caminhos possíveis para garantir a liberdade sem tolerar o intolerável

INEQUIVOCAMENTE, A LIBERDADE DE EXPRESSÃO É UM DOS PILARES das sociedades democráticas, garantindo o direito fundamental de manifestar pensamentos, opiniões e crenças. No entanto, como vimos diversas vezes ao longo deste livro, ela não pode ser compreendida como um direito absoluto e ilimitado.

A coexistência em sociedades plurais e diversas exige que esse direito seja exercido com responsabilidade e respeito, evitando que a liberdade de uns se torne a opressão de outros. O desafio está em preservar a expressão livre sem tolerar o intolerável.

O futuro da liberdade de expressão passa necessariamente pela construção de um ambiente social, político e cultural onde o diálogo e o respeito à diversidade sejam a norma, e não a exceção. Para isso, é fundamental reconhecer que a liberdade sem limites pode causar danos profundos à convivência democrática, fortalecendo preconceitos, discursos de ódio e a exclusão.

É preciso, portanto, avançar em mecanismos que protejam a dignidade humana e garantam que a expressão de ideias não seja usada como instrumento de violência simbólica. Ao mesmo tempo, não podemos ignorar os riscos da censura ou da restrição abusiva da liberdade.

O equilíbrio é delicado e exige a atuação ética e legal de indivíduos, instituições, mídia e Estado, que devem atuar como guardiões desse direito, respeitando suas nuances e complexidades. O debate público precisa se fortalecer, com espaços seguros para o confronto de ideias, sem o medo da perseguição, mas também sem o espaço para o abuso e a desinformação.

A educação emerge como o caminho mais promissor para esse futuro equilibrado. A formação ética e crítica, aliada ao ensino do respeito à alteridade e à promoção da cultura do diálogo e de comunicação não violenta, prepara cidadãos capazes de exercer a liberdade com consciência, sensibilidade e responsabilidade.

Só assim será possível minimizar os efeitos danosos do discurso de ódio e fomentar uma convivência pacífica e construtiva, mesmo diante das divergências. As redes sociais e as plataformas digitais, embora sejam espaços de potencial emancipatório, também demandam uma regulação inteligente e transparente, que respeite a liberdade, mas coíba abusos.

O papel das *Big Techs* e a responsabilidade individual na moderação dos conteúdos são temas centrais para garantir que a pluralidade não se transforme em uma guerra de narrativas onde vence quem grita mais alto, e sim em um diálogo civilizado e inclusivo.

Além disso, o sistema jurídico deve continuar a se aperfeiçoar para lidar com os desafios contemporâneos da liberdade de expressão. Leis claras, interpretadas com base em princípios democráticos e direitos humanos, podem garantir que o direito à expressão não sirva de escudo para atos que violam a dignidade, a honra ou a segurança dos cidadãos. O Poder Judiciário, por sua vez, deve atuar com equilíbrio, evitando excessos e garantindo o devido processo legal.

A mídia, tradicional e digital, também tem um papel insubstituível na mediação dos discursos públicos. Seu compromisso ético com a verdade, a diversidade e o combate à desinformação são fundamentais para fortalecer a democracia e evitar o fortalecimento de discursos tóxicos que polarizam e dividem. Uma imprensa responsável é parceira na construção de uma sociedade mais justa e plural.

A responsabilidade individual, por fim, é o fio que liga todas essas instâncias. Cada pessoa que se manifesta no espaço público tem o dever ético de pensar nas consequências de suas palavras, praticar a escuta ativa e buscar o diálogo respeitoso. A liberdade de expressão amadurecida é aquela que reconhece seus limites e não teme a diversidade, mas a acolhe como fonte de riqueza social.

Por meio do compromisso coletivo e das ações conjuntas entre educação, justiça, mídia e sociedade civil, é possível construir um futuro em que a liberdade de expressão seja protegida e respeitada, mas onde o discurso de ódio, a intolerância e a exclusão não encontrem espaço para prosperar. É um desafio complexo, porém, essencial para a manutenção da democracia e da dignidade humana.

Este livro é um convite à reflexão e à ação consciente diante dos desafios atuais. Que possamos, juntos, trilhar o caminho que garanta a liberdade sem tolerar o intolerável, promovendo uma convivência social baseada no respeito, na ética e na justiça. Só assim a liberdade de expressão cumprirá plenamente seu papel de instrumento para o fortalecimento da democracia e da paz social.

LIBERDADE DE EXPRESSÃO

A FRONTEIRA ENTRE **OPINIÃO** E **DISCURSO DE ÓDIO**

REFERÊNCIAS

AMORIM, Ana Paola. A opinião pública democrática e a defesa pública da liberdade de expressão. In: LIMA, Venício A. de Lima; GUIMARÃES, Juarez (Orgs.). **Liberdade de expressão**: as várias faces de um desafio. São Paulo: Paulus, 2013, p. 42-52.

ANDRÉ, Diego Brainer de Souza. *Memes* e direito autoral: da superação da lógica proprietária à tutela do elemento cultural. In: SCHREIBER, Anderson; MORAES, Bruno Terra de; TEFFÉ, Chiara Spadaccini de (Orgs.). **Direito e mídia**: tecnologia e liberdade de expressão. - Indaiatuba, SP: Editora Foco, 2021, p. 219-254.

BAKHTIN, Mikhail. **Marxismo e filosofia da linguagem**. São Paulo: Hucitec, 2012.

BERBIGIER, Eduardo. STF, censura e liberdade de expressão: O dilema digital brasileiro. **Migalhas**, São Paulo, 29 jul. 2025. Disponível em: https://www.migalhas.com.br/depeso/435539/stf-censura-e-liberdade-de-expressao-o-dilema-digital--brasileiro. Acesso em: 01 ago. 2025.

BUTLER, Judith. **Discurso de ódio**: uma política do performativo. São Paulo: Editora Unesp Digital, 2021.

CALEJON, Cesar. Em áudios, Arthur do Val diz que mulher ucraniana é 'fácil porque é pobre'. **Notícias UOL**, São Paulo, 04 mar. 2022. Disponível em: https://noticias.uol.com.br/internacional/ultimas-noticias/2022/03/04/arthur-do-val-diz-que-mulheres-ucranianas-sao-faceis-porque-sao-pobres.htm. Acesso em: 01 ago. 2025.

CAVALCANTE, Edson; XAVIER, Monalisa Pontes. TECENDO SUBJETIVIDADES: O LEGADO DE MUSSUM E O RACISMO RECREATIVO. In: ANAIS DO 1° CONGRESSO INTERNACIONAL CIêNCIA E SOCIEDADE, 2023, Teresina. **Anais eletrônicos...**, Galoá, 2023, p. 1-12. Disponível em: <https://proceedings.science/cics-2023/trabalhos/tecendo-subjetividades-o-legado-de-mussum-e-o-racismo-recreativo-2?lang=pt-br>. Acesso em: 17 Set. 2025.

COHEN-ALMAGOR, Raphael. The harm in hate speech and in holocaust denial. In: STEEL, John; PETLEY, Julian (Eds.). **The Routledge Companion to Freedom of Expression and Censorship.** New York: Routledge, 2024, p. 195-207.

COSTA, Alessandra Abrahão. **Liberdade de Expressão vs. Discurso de Ódio**: uma questão de (in)tolerância. Belo Horizonte: Editora Dialética, 2021.

DEROSA, Cristian. **Fake news**: Quando os jornais fingem fazer jornalismo. Florianópolis: Estudos Nacionais, 2019.

FAUSTINO, André. **Fake News**: a liberdade de expressão nas redes sociais na sociedade da informação. São Paulo: Lura Editorial, 2019.

FERNANDES, Micaela Barros Barcelos. Direitos autorais e acesso à cultura. In: SCHREIBER, Anderson; MORAES, Bruno Terra de; TEFFÉ, Chiara Spadaccini de (Orgs.). **Direito e mídia**: tecnologia e liberdade de expressão. - Indaiatuba, SP: Editora Foco, 2021, p. 255-298.

GARCIA, Raphael Tsavkko. Prefácio In: LACKSO, Madeleine. **Cancelando o cancelamento**: como o identitarismo da militância tabajara ameaça a democracia. São Paulo: LVM Editora, 2023, p. 12-18.

GOMES, Evilyn. Globoplay volta atrás e libera episódio polêmico de Chapolin Colorado com blackface após pressão popular. **Superachei**, São Paulo, 31 jul. 2025. Disponível em: https://superachei.com.br/globoplay-volta-atras-e-libera--episodio-polemico-de-chapolin-colorado-com-blackface-apos-pressao-popular. Acesso em 01 ago 2025.

GUIMARÃES, Juarez. Sete teses e uma antítese. In: LIMA, Venício A. de Lima; GUIMARÃES, Juarez (Orgs.). **Liberdade de expressão**: as várias faces de um desafio. São Paulo: Paulus, 2013, p. 53-55.

KEMP, Geoff. Freedom of expression, the Enlightenment and the Liberal Tradition. In: STEEL, John; PETLEY, Julian (Eds.). **The Routledge Companion to Freedom of Expression and Censorship.** New York: Routledge, 2024, p. 23-35.

LACKSO, Madeleine. **Cancelando o cancelamento**: como o identitarismo da militância tabajara ameaça a democracia. São Paulo: LVM Editora, 2023

MORAES, Bruno Terra de. Mídia democrática: controle de qualidade da notícia a serviço da plenitude do direito à informação. In: SCHREIBER, Anderson; MORAES, Bruno Terra de; TEFFÉ, Chiara Spadaccini de (Orgs.). **Direito e mídia**: tecnologia e liberdade de expressão. - Indaiatuba, SP: Editora Foco, 2021, p. 299-357.

Negro, pardo ou preto: quando usar cada termo? Entenda a definição e os debates. **G1.globo.com**, disponível em: https://www.google.com/amp/s/g1.globo.com/google/amp/pop-arte/diversidade/noticia/2025/06/04/

negro-pardo-ou-preto-quando-usar-cada-termo-entenda-a-definicao-e-os-debates.ghtml. Acesso em: 17 set. 2025.

NOVELINO, Marcelo. **Curso de Direito Constitucional**. Salvador: Ed. JusPodivm, 2020.

OMMATI, José Emílio Medauar. In: LIMA, Venício A. de Lima; GUIMARÃES, Juarez (Orgs.). **Liberdade de expressão**: as várias faces de um desafio. São Paulo: Paulus, 2013, p. 110-120.

PETLEY, Julian. Online Censorship: The role of the intermediaries. In: STEEL, John; PETLEY, Julian (Eds.). **The Routledge Companion to Freedom of Expression and Censorship.** New York: Routledge, 2024, p. 309-323.

RACHEL, Rebecca. Psicóloga analisa discursos de ódio sobre filha de Roberto Justus: 'Não tá tudo bem'. **Terra**, 8 jul. 2025. Disponível em: https://www.terra.com.br/diversao/gente/psicologa-analisa-discursos-de-odio-sobre-filha-de-roberto-justus-nao-ta-tudo-bem,98a6f6b3ece8fc65693af4a35f9cc5108cfbph9y.html?utm_source=clipboard. Acesso em: 17 set. 2025.

RODRIGUES, Edson. **Mussum e os processos de subjetivação forjados pelo racismo recreativo**: um olhar sobre a comédia trapalhona. Dissertação (Mestrado) em Comunicação. Teresina: UFPI, 2023.

ROSENBERG, Marshall B. **Nonviolent Communication**: A Language of Life. Encinitas: PuddleDancer Press, 2015.

SALUM, Lucas. Racismo impediu que Mussum fosse reconhecido como o multiartista que foi, diz Ailton Graça. **Brasil de Fato**, 13 nov. 2023. Disponível em: https://www.brasildefato.com.br/podcast/bem-viver/2023/11/13/racismo-impediu-que-mussum-fosse-reconhecido-como-o-multiartista-que-foi-diz-ailton-graca/. Acesso em: 17 set. 2025.

SCHREIBER, Anderson. Direito ao esquecimento. In: SCHREIBER, Anderson; MORAES, Bruno Terra de; TEFFÉ, Chiara Spadaccini de (Orgs.). **Direito e mídia**: tecnologia e liberdade de expressão. - Indaiatuba, SP: Editora Foco, 2021, p. 358-380.

SCHREIBER, Anderson. Liberdade de expressão e tecnologia. In: SCHREIBER, Anderson; MORAES, Bruno Terra de; TEFFÉ, Chiara Spadaccini de (Orgs.). **Direito e mídia**: tecnologia e liberdade de expressão. - Indaiatuba, SP: Editora Foco, 2021, p. 12-54.

STEEL, John. Free Speech, “Cancel Culture” and the “War on Woke”. In: STEEL, John; PETLEY, Julian (Eds.). **The Routledge Companion to Freedom of Expression and Censorship.** New York: Routledge, 2024, p. 232-244.

TEFFÉ, Chiara Spadaccini de. Liberdade de expressão e direito à imagem: critérios para ponderação. In: SCHREIBER, Anderson; MORAES, Bruno Terra de; TEFFÉ, Chiara Spadaccini de (Orgs.). **Direito e mídia**: tecnologia e liberdade de expressão. - Indaiatuba, SP: Editora Foco, 2021, p. 137-190.

WARBURTON, Nigel. **Liberdade de expressão**: uma breve introdução. São Paulo: Dialética, 2020.

LIBERDADE DE EXPRESSÃO

A FRONTEIRA ENTRE **OPINIÃO** E **DISCURSO DE ÓDIO**

Reflexão
EDITORA